Estudos de
Direito de Família

P436e   Pereira, Sérgio Gischkow
       Estudos de Direito de Família / Sérgio Gischkow Pereira.
    – Porto Alegre: Livraria do Advogado Ed., 2004.
       173 p.; 16 x 23 cm.
       ISBN 85-7348-332-6

       1. Direito de Família. 2. Família. I. Título.

CDU - 347.6

Índices para o catálogo sistemático:

Direito de Família
Família

(Bibliotecária responsável: Marta Roberto, CRB-10/652)

Sérgio Gischkow Pereira

Estudos de
Direito de Família

livraria
DO ADVOGADO
editora

Porto Alegre 2004

© Sérgio Gischkow Pereira, 2004

Capa, projeto gráfico e composição de
Livraria do Advogado Editora

Revisão de
Rosane Marques Borba

Direitos desta edição reservados por
Livraria do Advogado Editora Ltda.
Rua Riachuelo, 1338
90010-273 Porto Alegre RS
Fone/fax: 0800-51-7522
livraria@doadvogado.com.br
www.doadvogado.com.br

Impresso no Brasil / Printed in Brazil

Para minha esposa, Teresinha,
e meus filhos, Rogério e Frederico.

Minhas homenagens a
Carlos Roberto Lofego Caníbal,
exemplo de Magistrado,
e a Fernando Malheiros
e Fernando Malheiros Filho,
que honram a Advocacia brasileira.

Sumário

Apresentação 9

1. Interpretação jurídica e aplicação do Direito: um exórdio necessário ao estudo do Direito de Família 11
    1.1. Introdução 11
    1.2. As modernas teorias jusfilosóficas e a hermenêutica jurídica 14
    1.3. A moderna dogmática e a interpretação das leis 23
    1.4. A posição do Poder Judiciário 26
    1.5. A insuficiência manifesta da interpretação literal 27
    1.6. Conclusão (e o Direito de Família?) 30

2. Tendências modernas do Direito de Família 35
    2.1. Introdução 35
    2.2. Alguns subsídios de direito comparado 37
    2.3. As linhas gerais da evolução 48
    2.4. Conclusões 59

3. A família moderna e o Direito Positivo brasileiro 63
    3.1. Introdução 63
    3.2. A paridade entre os cônjuges 63
    3.3. A igualdade na filiação biológica 65
    3.4. A igualdade dos adotados 67
    3.5. O concubinato e a união estável 69
    3.6. Maior facilidade na ruptura da sociedade conjugal e do casamento 72
    3.7. As procriações artificiais 77

4. Dano moral e Direito de Família: o perigo de monetizar as relações familiares . 79
    4.1. Introdução 79
    4.2. A doutrina 79
    4.3. Os motivos para afastar e/ou atenuar a indenizabilidade do dano moral nas relações erótico-afetivas. As propostas de mudança do novo Código Civil .. 80
    4.4. A jurisprudência 86
    4.5. Arrazoado final e conclusão 90

5. A igualdade dos cônjuges: novas considerações 93
    5.1. Introdução 93
    5.2. Sobre uma compreensão razoável da igualdade dos cônjuges 93
        5.2.1. O foro privilegiado 93
        5.2.2. A proteção à mulher no caso concreto, como um cuidado que deve permanecer. Precauções em relação ao discurso protetivo 94
    5.3. O problema da forma de ser exercida a igualdade entre marido e mulher .. 96
    5.4. Conclusão 99

6. A imprescritibilidade das ações de Estado e a socioafetividade:
repercussão do tema no pertinente aos arts. 1.601 e 1.614 do Código Civil . . 101
6.1. Introdução 101
6.2. Os critérios de estabelecimento da paternidade (maternidade) ou filiação . . 102
  6.2.1. O critério da verdade socioafetiva 103
6.3. O art. 1.601 do Código Civil, em sua segunda parte 107
6.4. O art. 1.614, em sua segunda parte 110
6.5. Conclusões 113

7. Alguns temas sobre adoção 115
7.1. Por que deve permanecer a adoção entre adultos? 115
7.2. Direito intertemporal: a igualdade entre adotados alcança adoções feitas
antes da Constituição Federal de 1988 120

8. Alimentos na investigação de paternidade e na guarda compartilhada 125
8.1. Introdução: o propósito deste texto 125
8.2. Alimentos na investigação de paternidade 125
  8.2.1. O pedido alimentar determina a competência 125
  8.2.2. Possibilidade de os alimentos serem concedidos antes da sentença,
   inclusive para o nascituro 126
  8.2.3. Momento a partir do qual são devidos os alimentos fixados em sentença
   que der pela procedência da investigação cumulada com alimentos . . 130
  8.2.4. Até quando permanecem os alimentos provisionais vincendos, em face
   de sentença de improcedência da investigatória cumulada com alimentos?
   E os vencidos? 131
8.3. Alimentos na guarda compartilhada 137
  8.3.1. A possibilidade da guarda compartilhada no direito brasileiro. Suas
   vantagens e aparentes desvantagens 137
  8.3.2. Os alimentos na guarda compartilhada 138

9. A transmissão da obrigação alimentar 143
9.1. Introdução: a justa e oportuna derrubada do dogma da intransmissibilidade
dos alimentos aos herdeiros 143
9.2. As correntes interpretativas do art. 23 da Lei do Divórcio 145
9.3. O art. 1.700 do Código Civil de 2002 149
9.4. Algumas dificuldades provocadas pela transmissão dos alimentos 151

10. A alteração do regime de bens: possibilidade de retroagir 155
10.1. Introdução 155
10.2. Da possibilidade jurídica de retroação da mudança do regime de bens . . . 156
10.3. Conclusão 158

11. Mais alguns aspectos polêmicos ou inovadores no novo Código Civil 159
11.1. Introdução 159
11.2. O consentimento dos pais ou representantes legais na adoção 159
11.3. Mutabilidade do regime de bens para os casamentos celebrados sob a
égide do Código Civil anterior 163
11.4. A responsabilidade alimentar na separação judicial litigiosa remédio 165
11.5. A importância do bem de família no novo Código Civil 166
11.6. União estável e concubinato 167
  11.6.1. A culpa e os alimentos 168
  11.6.2. A indenização por serviços domésticos prestados 171

Apresentação

> Será mais nobre sofrer na alma
> Pedradas e flechadas do destino feroz
> Ou pegar em armas contra o mar de angústias –
> E, combatendo-o, dar-lhe fim?
>
> *Shakespeare, em Hamlet*

O direito de família brasileiro, com a Constituição Federal de 1988, ainda que tardiamente, sofreu grandes e boas modificações. Felizmente, doutrina[1] e jurisprudência, esta mais ainda, souberam recepcionar as transformações, tendo como revogados vários dispositivos do Código Civil de 1916 e de leis relacionadas ao direito civil.

O novo Código Civil, como não podia deixar de ser, buscou se compatibilizar com a Constituição Federal, mas ainda contém falhas sérias, como é comum em qualquer trabalho legislativo, mais ainda de grande porte. Espera-se que sejam corrigidas com as devidas alterações legislativas, muitas delas já propostas, e com o trabalho da doutrina e dos tribunais. Nesta obra, aponto várias destas falhas.

Minha intenção, com o presente livro, foi abordar algumas das principais mudanças em nosso sistema legislativo de família. Repensei anteriores textos de minha autoria e redigi novos.

O direito de família se reveste de importância bem maior do que alguns lhe atribuem. As mudanças na sociedade passam pelas transformações na família, como é ou deveria ser por demais sabido. Uma família mais igualitária, mais solidária, mais fraterna, mais libertária, mais dirigida pelo afeto, pela autenticidade (objetivos do novo direito de família), produzirá, a longo prazo, sociedade com as mesmas características, von-

---

[1] Segmentos doutrinários, principalmente os manuais, resistiram bastante, custando a se desvencilhar de antigas e superadas concepções, com destaque para o direito da filiação, em que imperou verdadeiro temor em acolher as alterações profundas.

tade de todos os que desejam melhorar a humanidade. Por isto, iniciei o livro através de estudo sobre como deve ser corretamente interpretado o direito, condição básica para que bem o seja o direito de família. Depois examino as tendências modernas deste ramo do direito e seus reflexos no direito brasileiro. Após passo ao exame de temas específicos, nos quais prevalecem as questões mais polêmicas e complexas.

O direito de família precisa se despatrimonializar[2] cada vez mais e não pode se impregnar pelo pensamento econômico dominante, voltado apenas para o dinheiro e o lucro, para uma concorrência e uma competição desenfreadas, para um consumo como fim em si mesmo, o que destrói toda a noção de solidariedade, conduta fatal para qualquer coletividade. O filtro constitucional em muito ajuda neste intento. Porém, em raros momentos reajo contra interpretações que reputo incorretas, ainda que embuídas das mais generosas intenções, pois, a meu pensar, desconsideram a própria Constituição Federal e caem no subjetivismo opiniático e decisional, ainda que sempre tente eu lutar contra a constante e incômoda presença do risco trazido pelo reacionarismo jurídico e axiológico, contra o qual toda a autocrítica é pouca.

Não sou dado à redação de manuais, para repetir o que todos repetem e para versar o que é elementar. Com isto, são maiores os perigos. Só me resta a esperança de não ter sido atingido por algum destes perigos. Se o fui – e certamente o fui – estarei exposto à censura, que aguardo.

Porto Alegre, junho de 2004.

Sérgio Gischkow Pereira

---

[2] É triste constatar que, pela indenização do dano moral e pelos excessos na união estável, se esteja repatrimonializando o direito de família, temas que estudarei nesta obra.

1. Interpretação jurídica e aplicação do Direito: um exórdio necessário ao estudo do Direito de Família

1.1. Introdução

O zelo demasiado pelo valor jurídico da segurança – em detrimento do valor justiça –, e uma exasperação de avaliar os julgamentos por sua celeridade, e não sua qualidade, vêm conduzindo a que alguns pretendam revalorizar a interpretação literal ou gramatical. Portanto, segue atual este permanente debate (deveria estar superado, mas os retrocessos se sucedem periodicamente). Surpreende que continuem aparecendo afirmações solenes de que "o direito é uma ciência que segue o método racional-dedutivo", "quando a lei é clara não cabe interpretação", e outras do mesmo jaez. Vão ao limite e ao cúmulo de invocar o art. 5°, inciso II, da Constituição Federal (*"ninguém será obrigado a fazer ou deixar de fazer alguma coisa senão em virtude de lei"*), como se, em caso de litígio, não coubesse ao Poder Judiciário, segundo a mesma Constituição Federal, dizer qual a interpretação da lei a ser adotada (aliás, a prevalecer aquela compreensão, as próprias faculdades de direito seriam dispensáveis...)! É triste ressaltar aspectos tão elementares. E preocupa muito que se queira proibir a riqueza interpretativa, através da edição de súmulas vinculantes; neste particular, o perigo é que haja bem mais do que obsessão pela segurança e pela velocidade dos processos ou divergência doutrinária ou desconhecimento da hermenêutica moderna, senão que se almeje aprisionar os magistrados, controlando o Poder Judiciário, sempre incômodo em sua liberdade de julgar (some-se a isto os tais órgãos de controle externo); não se tem conseguido influenciar o Judiciário como se o faz com os outros dois Poderes. Os defensores da súmula vinculante querem fazer o papel do

Grande Inquisidor em Dostoiévski,[3] aprisionando os juízes que buscam o justo nas peculiaridades do caso concreto, acusando-os de, nesta missão, serem fiéis aos objetivos maiores do direito...

Neste capítulo, quero situar minha posição sobre qual a essência, a natureza do direito, em termos ontológicos, e, como seqüela, qual o método pelo qual deve ser abordado e quais os caminhos adequados para a hermenêutica jurídica, de molde a conduzir a uma aplicação mais correta, apropriada, justa e socialmente útil das normas. São premissas que condicionam todo o trabalho sério dos operadores do direito e permitem que saibam o que estão fazendo, não se transformando em papagaios repetidores de fórmulas memorizadas. Todas as grandes desavenças dogmáticas no campo jurídico no fundo radicam em mundividências ontognoseológicas diversas; desconhecer estas visões diferentes de mundo é atuar na superfície dos fenômenos. As reflexões que passo a fazer são básicas para qualquer aproximação séria em relação ao direito, e, por isto, não podem deixar de anteceder reflexões sobre o direito de família. No capítulo seguinte, será possível observar como a jusfilosofia e a hermenêutica influenciam a interpretação e aplicação do direito de família moderno, quando serão noticiadas facetas ínsitas a este ramo da ciência jurídica. Com estes dois alicerces, adquire sentido tratar sobre temas específicos de direito de família, objeto dos demais capítulos.

O vetusto brocardo *in claris cessat interpretatio* encontra-se superado pelas visões jusfilosóficas, hermenêuticas e lingüísticas contemporâneas. Avoluma-se a corrente que vê a lei como desapegada da vontade do legislador, após principiado seu fluir existencial, pois antes interessam os fins sociais a que ela se dirige e as exigências do bem comum, no dizer do art. 5° da Lei de Introdução ao Código Civil. As pautas normativas não podem permanecer mumificadas, cristalizadas, mortas, sepultadas em uma pretensa volição legislativa, muitas vezes antiga, retrógrada ou dirigida a acontecimentos radicalmente modificados pela vertiginosa rapidez e multiplicidade das variações em todos os setores da atividade humana. O valor justiça não deve ficar subordinado aos valores ordem e segurança, na hierarquia axiológica, apesar da inegável relevância destes últimos em qualquer organização comunitária (até porque a insegurança acentuada gera injustiça).

O direito é vida, é gente, é sociedade, é valoração, é incessante e desesperadora ânsia de alcançar o justo. O direito é impregnado, palpita,

---

[3] Os irmãos Karamázovi. Obra publicada em conjunto com *Recordações da casa dos mortos*; Rio de Janeiro: Livraria José Olympio Editora, 1961; conf. 2° vol., p. 647 a 667. Em um dos maiores trechos da literatura universal, Dostoiévski narra o aprisionamento de Cristo pela Inquisição, acusado de ter propagado idéias perigosas para o povo ao responder às três questões que Lhe foram formuladas na denominada tentação no deserto.

vibra, transborda com o humano. A norma escrita não tem o dom de aprisionar e destruir a vida, de estiolar e sufocar o que de especificamente humano há no homem; de conter os desejos, as angústias, as emoções, as realidades, as inquietações. A dogmática, quando sacralizada, fechada, rígida, maciça, impenetrável aos valores, distancia o direito do povo, artificializa-se, esteriliza-se, mais servindo ao prazer intelectual de mentalidades lógico-matemáticas, envolvidas em abstratas elucubrações cerebrinas, do que aos fins verdadeiros e últimos do direito. O exercício de deduzir ou induzir o direito passa a ser um fim em si mesmo.

O intérprete e aplicador da lei precisa captar o complexo axiológico subjacente a toda a regra jurídica e que é elemento inarredável em sua exegese. O julgador não deve elidir as condições especialíssimas de cada situação concreta. A lógica jurídica decisional não é silogística. Kierkegaard destacava que um juízo que não estime as pessoas uma a uma, em sua individualidade, não é mais que uma farsa e uma mentira. A vida não pode ser jungida a esquemas lógico-subsuntivos. O manto legalista é capaz de abrigar escândalos judiciários, como ocorreu na França, durante a ocupação nazista, consoante mostrado por Costa Gravas em seu inesquecível filme Seção Especial de Justiça. O juiz que mecanicamente aplique redação do dispositivo legal pouco se diferencia do computador ao qual incumbisse decidir litígios; curvar-se-á aos maiores horrores, aos mais vis escopos, aos ditames das mais infames tiranias. Unicamente repetirá e nunca criará. Será autômato, esdrúxula figura robotizada, inclusive inferior, dentro dos parâmetros informáticos, ao computador, que afinal possui maior capacidade de armazenamento e elaboração de dados logicizados, na lógica formal do sistema binário, e bem maior rapidez decisional... É juiz que ignorará todas as imensas repercussões da lei na coletividade e repelirá as inquietações e pulsações valorativas que desta emanam a cada instante, sempre modificadas, renovadas, repensadas, coerentes ou contraditórias, na dialeticidade ínsita ao fenômeno humano.[4]

---

[4] Surpreende-se aqui uma discussão fundamental, que permeia também a sociologia. É a oposição, na sociologia moderna, entre uma Sociologia do Sistema Social e uma Sociologia da Ação Social. A divergência é muito bem explanada por Alan Dawe, em artigo sobre "Teorias de ação social", encontrável em *História da análise sociológica*, organizada por Tom Bottomore e Robert Nisbet. Rio de Janeiro: Zahar Editores, 1980; p. 475 a 546; ver em especial p. 480 a 482. A Sociologia do Sistema Social considera o ser humano determinado em tudo pelo sistema social, pela máquina impessoal, pela burocracia. sendo totalmente manipulável. A Sociologia da Ação Social vê o ser humano como atuante, consciente, autocriativo e socialmente criativo; o sistema social deriva da ação e da interação sociais e nestas estão as esperanças e anseios, nossos próprios objetivos e nossa própria agência. E acrescento por minha conta: esta distinção é ainda mais relevante e decisiva para a humanidade em uma época de desenfreada monetização de todas as relações sociais, quando só se prega a competição e concorrência, o que implica todos pisotearem todos em busca do notável objetivo vital que é consumir e consumir. É a quebra de toda a solidariedade social, com resultados insuportáveis a longo prazo.

Estudos de DIREITO DE FAMÍLIA

Não sustento o erro de que o juiz vá substituir e apagar o legislador. Não se trata de jurisprudência livre, radical, ao estilo de Kantorowicz. Porém, necessário recordar o óbvio de que o direito não se revela só pela lei. Dada esta, todavia, dela se parte. Não se a despreza, mas se a dimensiona e redimensiona em conformidade com os critérios de justiça e interesses sociais e individuais em análise. Carlos Cóssio – uma das principais expressões da jusfilosofia moderna – em sua teoria egológica, disserta: *"Dir-se-á, porém, que na parte que lhe cabe na valoração jurídica o Juiz é livre e, portanto, pode ser arbitrário, escolhendo (valorando) normas que não se adaptam ao caso. Quando isso se dá, não somente a estrutura hierárquica da organização judiciária pode sanar praticamente o mal, como o Juiz que deliberadamente escolhe normas que não se aplicam ao caso será presa da vivência da contradição, tal como alguém que deliberada e teimosamente insiste em afirmar que 2 + 2 = 5. Nisso, nessa experiência pessoal, terá o Juiz o critério para – se não é louco ou desonesto, coisas que não se deve ser, por suposto, um Juiz – controlar a sua valoração".*[5]

Face à importância e delicadeza da questão, que dificilmente comporta abordagem superficial, é conveniente observar o panorama das idéias daqueles que a enfrentam, notadamente na atualidade.

1.2. As modernas teorias jusfilosóficas e a hermenêutica jurídica

A Escola da Exegese, que culminou em mestres da envergadura de Demolombe, Laurent, Marcadé, Aubry e Rau, entre outros, prevaleceu durante o século XIX, mas foi superada no século seguinte. Colimava ela uma dogmática jurídico-conceitual e uma jurisprudência conceitual. Via o direito por excelência como o revelado pelas leis, resultando em esquema de conceitos estruturados coerentemente, deduzidos logicamente. A interpretação restringir-se-ia às modalidades gramatical, lógica e sistemática. Se dificuldade houvesse na captação do texto legal, por não suficientemente claro, no máximo cabia consultar a vontade do legislador que o estabeleceu. Em nosso país não faltam, há bastante tempo, críticos notáveis e severos da estreiteza de conceber o fenômeno jurídico como esgotado em apenas uma de suas facetas: a normativa. Famoso exemplo é o de Miguel Reale, com sua teoria tridimensional do direito.

Dissecando ontognoseologicamente o direito, o catedrático paulista concluiu por sua tríplice perspectiva: fato – valor – norma. Ensina que *"a*

---

[5] A. L. Machado Neto. *Introdução à Ciência do Direito*. Vol. 1°, São Paulo: Saraiva, 1960. p. 227.

norma jurídica não conclui ou exaure o processo jurígeno, porquanto ela mesma suscita, no seio do ordenamento e no meio social, um complexo de relações estimativas, de novas experiências fáticas e axiológicas. É a razão pela qual não se pode concluir que, em última análise, o direito seja só normativo: a norma é, por assim dizer, uma ponte elástica e flexível entre o complexo fático-axiológico que condicionou a sua gênese, e os complexos fático-axiológicos a que visa atender, no desenrolar do processo histórico. Dizemos que a norma jurídica deve ser concebida como uma ponte elástica, dadas as variações semânticas que ela sofre em virtude da intercorrência de novos fatores, condicionando o trabalho de exegese e de aplicação dos preceitos. (...) É necessário aprofundar o estudo dessa 'experiência normativa', para não nos perdermos em cogitações abstratas, julgando erroneamente que a vida do direito possa ser reduzida a uma simples inferência de lógica formal, como se uma decisão judicial, por exemplo, fosse equiparável a um silogismo, cuja conclusão resulta da simples posição das duas premissas. Nada mais ilusório do que reduzir o direito a uma geometria de axiomas, teoremas e postulados normativos, perdendo-se de vista os valores que determinam os preceitos jurídicos e os fatos que os condicionam, tanto na sua gênese como na sua ulterior aplicação".[6]

Após, Reale, com agudeza, expõe as fragilidades da interpretação gramatical, daquela que faz predominar a letra da lei; menciona fatores como: a) o significado e eficácia da regra jurídica dependem de sua funcionalidade e de sua correlação com as demais normas do sistema, assim como do conjunto dos princípios que a informam; b) o reiterado desuso de uma lei pode de tal maneira esvaziá-la de força cogente que o intérprete, quando surpreendido com sua invocação, buscará atenuar-lhe os efeitos ruinosos, enquadrando-a no bojo de outras normas; c) modificações semânticas nas palavras da lei, emprestando-lhes novas acepções, em virtude do impacto de valorações novas, de mudanças na hierarquia dos valores dominantes, superveniência de fatos que alterem os dados da incidência normativa, surgimento de outras normas que interferem na linha de interpretação, com o que a identidade gráfica da regra jurídica não impede o acréscimo de outras valências ideais e a permeabilidade ao constante movimento fático, ângulos a condicionar-lhe a aplicação.[7]

Carlos Cóssio[8] leciona que *"la valoración jurídica no está en la ley en cuanto fórmula gramatical creada. La ley así entendida es un producto,*

---

[6] *Filosofia do Direito.* 4ª ed. São Paulo: Saraiva, 1965, p. 479 e 480.

[7] Ob. cit., p. 480 a 486.

[8] *La valoración jurídica y la ciencia del derecho.* Buenos Aires: Ediciones Arayú, 1954, p. 101 e 102.

Estudos de DIREITO DE FAMÍLIA

es un texto, es en suma un objeto mundanal y, por lo tanto, no puede contener ni la existencia ni la base de sustentación de la valoración jurídica que es un objeto egológico; la ley así entendida sólo es el lugar de sustentación de otro sentido (pero no de sua existencia): del sentido lógico de un concepto normativo porque la ley en sí es un concepto normativo y nada más. La valoración jurídica de la ley estuvo originariamente en los legisladores cuando la sancionaron y está otra vez originariamente en el Juez cada vez que éste la interpreta, aunque sean valoraciones de diferente contenido, ya veremos luego con qué alcance, porque ahora se toma a la ley en cuanto es conducta efetiva y no fórmula gramatical. Es claro sí que la ley, en tanto fórmula gramatical, no le puede dar ni quitar al Juez la vivencia de ese sentido en que consiste para él la existencia de la valoración jurídica. De la misma manera los antecedentes parlamentares y demás medios de descubrir la intención del legislador, llegan al intérprete como productos creados, es decir como objetos mundanales; y por eso ellos tampoco son valoración jurídica. Es decir – y con esto antecipamos cosas que veremos en detalle más adelante – qui ni la gramática ni la exégesis son aptas para captar la valoración jurídica porque ésta es vida viviente, en tanto que las palabras escritas y las huellas intencionales dejadas por la vida a su paso, sólo son productos de la vida, pero no vida".[9] Mais adiante, analisando a atuação judicial, assevera o grande pensador argentino[10] que *"la valoración jurídica, en su cantidad, está em función con las circunstancias del caso; circunstancias que no están ni pueden estar en la ley porque la ley no es ningún caso. La vivencia del ordem, de la seguridad, de la justicia, etc., está condicionada necesariamente por las circunstancias del caso, porque precissamente son ellas que van a ser valuadas; de modo que variando las circunstancias puede variar la valoración, con lo cual la elección del Juez se desplaza de una especie para escoger otra de las contenidas en la ley".*

A. L. Machado Neto,[11] discípulo de Carlos Cóssio, apresenta quadro-resumo excelente formulado pelo jusfilósofo argentino, que permite uma visão global muito expressiva sobre a essência do direito e sobre a natureza do ato que permite conhecê-lo e do método para estudá-lo. Começando pela ontologia e passando pela gnosiologia, emerge uma visão filosófica ontognoseológica que, a partir da divisão dos objetos em ideais, naturais e culturais, situa o direito na terceira categoria e mostra que o ato gnosiológico que lhe corresponde é a compreensão (intelecção para os

---

[9] Para quem seja menos familiarizado com a terminologia de Cóssio, recordo que distingue ele, nos objetos culturais, o substrato e o sentido. Conforme o substrato seja objeto natural ou uma conduta do homem, os objetos culturais serão, respectivamente, mundanais ou egológicos.

[10] Ob. cit., p. 120 e 121.

[11] Ob. e vol. cit., p. 222.

objetos ideais e explicação para os objetos naturais), enquanto o método para seu estudo é o empírico-indutivo (racional-dedutivo para os objetos ideais e empírico-indutivo para os objetos naturais).

Interessa deixar bem claro que, independentemente de divergências terminológicas sobre a denominação do método de análise do direito, importa é que não se o pode tratar com uma lógica formal ou lógica matemática, mas com uma lógica concreta, uma lógica dialética, uma lógica material, uma lógica do razoável, e assim por diante, conforme a preferência do doutrinador.

Lourival Vilanova[12] aduz que *"quer na feitura das proposições jurídicas, quer em sua aplicação à concreção da vida, há intencionalidade objetiva e referência a valores (não meras valências lógicas que entram nas formas sintáticas). Dever-ser o que é positivo para um ato de valoração e não dever-ser o que é negativo para outro ato de valoração. O vínculo entre hipótese e conseqüência, que no plano analítico-formal é mera relação implicacional, na proposição do direito positivo é nexo axiologicamente estatuído. Tudo isso explica por que na construção do direito e na aplicação do direito a lógica seja insuficiente. Não se resolve com lógica o que é extralógico: o conteúdo material, a referência a fatos do mundo e a valores que procuram realizar-se através de normas. A lógica material que exige Siches (Filosofia Del Derecho, p. 642) vai além da analítica das formas: é a lógica-instrumento com que trabalha o jurista teórico ou prático, cujo objetivo não é fazer lógica, mas relacionar o 'logos com a concreção existencial, de onde procede e para onde se dirige o direito, como instrumento cultural destinado a estabelecer um tipo de ordenação na vida humana coletiva. Essa atitude retrovertida (a reflexão husserliana) para o logos, pondo entre parênteses metódico a existência mesma dos fatos e dos valores (axiológicos, digamos), não foi nem pode ser a atitude dos juristas com senso de realidade. Foi teorização, excesso racionalista, cujo fundo subjacente o sociólogo sabe descobrir. E descobrir como ideologia que se quer confundir com ciência, falsa consciência que Kelsen implacavelmente sempre denunciou".*

Theodor Viehweg[13] diz que: *"a raiz de tudo está simplesmente em que o problema toma e conserva a primazia. Se a jurisprudência concebe sua tarefa como busca do justo dentro de uma inabarcável pletora de situações, tem de conservar uma ampla possibilidade de tomar de novo posição com respeito à aporia fundamental, isto é, de ser 'móvel'. A primazia do problema influi sobre a 'techne' a adotar. Uma tessitura de conceitos e de proposições que impeça a postura aporética não é utilizá-*

---

[12] *Lógica jurídica.* São Paulo: José Bushatsky, Editor, 1976, p. 168 a 170.
[13] *Tópica e jurisprudência.* Departamento de Imprensa Nacional, 1979, p. 98 e 99.

Estudos de DIREITO DE FAMÍLIA

vel. Isto é válido especialmente para um sistema dedutivo. Por causa do inabarcável de sua problemática, uma jurisprudência assim concebida tem um interesse muito maior em uma variedade assistemática de pontos de vista. Não é correto qualificá-los como princípios (Grundsäteze). Ter-se-lhes-ia de chamar mais exatamente proposições diretivas (Leitsätze) ou 'topoi', segundo o critério de nossa investigação, posto que não pertencem ao espírito dedutivo-sistemático, mas a um espírito tópico, como a terminologia de tipo científico assinala em nosso campo, não raras vezes, em dimensão falsa".

Ao fundamentar sua lógica do razoável, Luis Recasens Siches[14] evidencia que os conteúdos jurídicos não pertencem ao pensamento regido pela lógica do tipo matemático, do racional, senão que a outro campo de pensamento, regido por outro tipo de lógica, pela lógica do razoável, do humano ou da razão vital e histórica. Menciona que o excessivo rigor da norma legislativa pode ser contornado desde que *"se repute que aquellos preceptos legislativos, que darían lugar a efectos notoriamente indebidos, no constituyen la norma em verdad aplicable a dicha controvérsia particular; y que entonces se debe averiguar se en el orden jurídico positivo hay otras normas que pudiesen ser consideradas como las pertinentes para resolver al caso em cuestión; y se tal búsqueda diese resultado negativo, se debe entender que el Juez se encuentra ante uma laguna que habrá de rellenar por cuenta propia. Entiendo que es razón suficiente para estimar que una norma no es aplicable a determinado caso singular el hecho de que produciría sobre éste efectos divergentes de las valoraciones que inspiraron aquella norma, o de las que inspiram en general el orden jurídico positivo. (...) Todo lo expuesto en el presente capítulo lleva a la conclusión de que, en resumen, la única proposición válida que puede emitirse sobre la interpretación es la de que el Juez en todo caso debe interpretar la ley precisamente del modo que lleve a la conclusión más justa para resolver el problema que tenga planteado ante su jurisdicción. Ao hacerlo de este modo, el Juez, lejos de apartarse de su deber de obediencia al orden jurídico positivo, de a este deber su más perfecto cumplimiento. Esto es así, por la siguiente razón: el legislador, mediante las normas generales que emite, se propone lograr el mayor grado posible de realización de la justicia y de los valores por ésta implicados, en una determinada sociedad concreta. Tal es, al menos en principio, la intención de todo sistema de derecho positivo, independientemente de cuál sea el grado mayor o menor en que haya logrado realizar con éxito esa intención. El legislador se propone con sus leyes realizar de la mejor manera posible las exigencias de la justicia. Entonces, se el Juez trata de inter-*

---

[14] *Tratado general de filosofia Del derecho.* 7ª ed. México: Editorial Porrúa, 1981, p. 660 a 664.

pretar esas leyes de modo que el resultado se aplicarlas a los casos singulares aporte la realización dle mayor grado de justicia, con esto no hace sino servir exactamente al mismo fin que se propuso el legislador. El Juez, cuando interpreta las leyes del legislador precisamente de tal manera que la aplicación de ellas a los casos singulares resulte lo más acorde posible con la justicia, es mucho más fiel a la voluntad del legislador y más fiel al fin que éste propuso que cuando las intepreta de una manera literal, o reconstruyendo imaginativamente la voluntad auténtica del legislador, se esos métodos aplicados al caso planteado producem una solución menos justa".

Combinando com a opinião do eminente jusfilósofo da Universidade do México, Luiz Fernando Coelho[15] reputa sem sentido o impasse sobre se deve ou não ser aplicada lei injusta, pois *"se configura evidente que deve prevalecer a justiça, o que possibilita ao magistrado corrigir a lei ou declará-la inaplicável. Essa correção todavia não implica a prolação de uma sentença 'contra legem', pois, se a norma jurídica é portadora da valoração independente, importa descobri-la no contexto dos demais valores sociais, isto é, conduzir a norma de direito ao seu lugar no quadro geral das valorações; o que a hermenêutica tradicional considera portanto uma decisão 'contra legem' nada mais é do que a exclusão a que o Juiz procede das valorações 'estranhas' que a norma possa constituir, porque contrárias aos princípios gerais do direito".*

Alerta Luigi Lombardi Vallauri,[16] ao verberar o predomínio logicista: *"È chiaro anzitutto che il logicismo soffoca nel giurista lo spirito di veracità: una parte delleducazione giuridica consiste proprio nel perdere la passione e direi perfino il senso della verità, per acquisire il senso della verità convenzionale (...) Al tempo stesso, il logicismo ottunde inevitabilmente la capacità di giudizio morale e politico indipendente, illudendo il giurista di poterne fare a meno grazie alla pura logica formale. (...) Il logicismo spinge il giurista allevasione. (...) Il diritto, come insieme di problemi dolorosi della vita degli uomini, della loro libertà, del loro benessere no interessa il dogmatico; quello che lo interessa, sono le piramidi concettuali di cui abbiamo più parlato. (...) Nel logicismo ci sono poi altre componenti, per esemplo una componente matematizzante, una componente ludico-infantile, in sostanza elementi di una falsa coscienza che permette di prendere delle decisione come se uno non le prendesse, scaricando la propria parte reale di responsabilità su unoggettività fittizia, sul sistema come entità costruita indipendentemente dallintervento del*

---

[15] *Lógica jurídica e interpretação das leis.* Rio de Janeiro: Forense, 1979, p. 227.

[16] *Corso di filosofia del diritto.* Padova: Cedam – Casa Editrice Dott. Antonio Milani, 1981, p. 113 e 114.

Estudos de DIREITO DE FAMÍLIA

soggetto. È chiaro in questo modo si distrugge nel giurista proprio la categoria della vocazione".

Victtorio Frosini[17] indica que *"Il linguaggio della norma non è altro che il punto di passaggio, anzi il termine di mediazione obbligato, fra realtà mutevole e disordinata della praxis umana e quella strutura dellordine giuridico, che la rispecchia e la disciplina in un logos, cioè in un discorso coerente e finalizzato. È perciò necessario, che al tentativo di adeguazione della prassi a un ordine ragionevole, comé quello del diritto, corrisponda altresi la capacità di adattamento del diritto alle forme viventi dellazione umana; non si può, infatti, ridurre il diritto alla sola dimensione della razionalità, perchè non vi si può ridurre la stessa vita sociale, in cui ogni struttura giuridica si articola e funziona".*

Philipp Heck analisa como *"a errônea jurisprudência conceitualista, aquele método de inversão que antes de entrar em vigor o C.C. quase não tinha impugnadores, poucos defensores conserva hoje e, pelo contrário, cada vez encontra maior aplauso a idéia fundamental do movimento reformador no sentido de atribuir ao Juiz maior liberdade".[18]* A interpretação será histórico-teleológica, com pesquisa dos interesses determinantes da lei, dos interesses causais e *"não exclui a criação judicial de direito, antes supõe o seu contínuo desenvolvimento jurisprudencial".[19]*

Karl Larenz lembra que o escopo maior da interpretação não reside no conhecimento da vontade do legislador como fato histórico, mas em apurar o sentido normativo da lei.[20] E acrescenta: *"a lei, como vontade expressa do legislador, traz em si a marca do seu tempo, mas, como algo vigente na atualidade, muda também com o tempo".[21]* Acrescenta que o pensamento puramente discursivo não é capaz de resolver os problemas do direito e do método da ciência jurídica, sendo imprescindível o pensamento dialético ou pelo menos dialógico[22] e que *"o jurista, se não quer ser infiel à sua profissão, não pode deixar de entender o direito positivo, no seu conjunto, senão como uma via (entre várias possíveis) de realizar a maior justiça possível. Mas se subentende essa intenção à lei interpretanda, então um resultado da interpretação, que seja evidentemente injusto, é um indício de que a interpretação não pode ser correta".[23]*

---

[17] *Cibernetica, diritto e società.* 4ª ed. Milano: Edizioni di Comunità, 1978, p. 38.

[18] *Interpretação da lei e jurisprudência dos interesses.* São Paulo: Livraria Acadêmica Saraiva, 1947, p. 5.

[19] Ob. cit., p. 10.

[20] *Metodologia da ciência do direito.* Tradução da 2ª ed. alemã. Lisboa: Fundação Calouste Gulbenkian, 1978, p. 363.

[21] Ob. cit., p. 363 e 364.

[22] Ob. cit., p. 397 e 398.

[23] Ob. cit., p. 398.

Karl Engisch situa que "*As leis, porém, são hoje, em todos os domínios jurídicos, elaboradas por tal forma que os Juízes e os funcionários da administração não descobrem e fundamentam as suas decisões tão-somente através da subsunção a conceitos jurídicos fixos, a conceitos cujo conteúdo seja explicitado com segurança através da interpretação, mas antes são chamados a valorar autonomamente e, por vezes, a decidir e a agir de um modo idêntico ao legislador. E assim continuará a ser no futuro*".[24] Após apontar os exageros da escola do direito livre, recorda que "*sobrevive ainda a idéia de que não devemos vincular demasiado à lei o prático encarregado de aplicar o direito ao caso individual, que temos de lhe dar procuração e oportunidade para dominar, de forma judiciosa, justa e conveniente, a situação concreta, quer se trate de um litígio jurídico ou de um problema da administração*".[25] E mais: "*até autores moderados que viveram num período em que ainda se achava firmemente estabelecida a idéia do estado de direito julgaram dever erguer certas restrições à vinculação do Juiz à lei. Entre estes 'autores moderados' podemos contar, por exemplo, Hans Reichel e Ernst Beling. O primeiro, já em 1915, no seu conhecido livro 'Gesetz und Richterpruch', estabelecia o seguinte princípio: 'O Juiz é obrigado por força do seu cargo a afastar-se conscientemente de uma disposição legal quando essa disposição de tal modo contraria o sentido ético da generalidade das pessoas que, pela sua observância, a autoridade do direito e da lei correria um perigo mais grave do que através da sua inobservância'. Beling declara, em 1931: 'O poder outorgado para criar direito que o legislador detém em suas mãos ... não é um poder inteiramente ilimitado. O povo presume certas valorações como tão fundamentais que o legislador ... não se acha autorizado a fixar normas que vão contra elas'. Aqui, portanto, é fixado um limite ao dever de obediência à lei em nome de valorações fundamentais no seio da população. Mas isto há de também, evidentemente, refletir-se sobre a aplicação judicial do direito*".

Paulo Dourado de Gusmão: "*Para nós a lei é uma vontade ou um pensamento objetivado. Desde que objetivado, torna-se livre de seu criador, tornando-se um 'objeto' do mundo da cultura, suscetível de compreensão, de interpretação. Cada ato de interpretação 'repensa' esse objeto, que é um pensamento objetivado. Nesse 'repensar' exerce influência decisiva a personalidade do intérprete, que, entretanto, não existe fora da história, de uma sociedade, de uma civilização, de uma cultura. Categorias lógicas, axiológicas, necessidades sociais, formam uma mentalidade que, por sua vez, corresponde a uma época, a uma sociedade, a uma*

---

[24] *Introdução ao pensamento jurídico*. 3ª ed. Lisboa: Fundação Calouste Gulbenkian, 1977, p. 172.
[25] Ob. cit., p. 208.

Estudos de DIREITO DE FAMÍLIA

civilização, a uma cultura. Além desse substrato cultural, comum a todos que estão situados em idêntica coordenada espaço-temporal e sócio-cultural, temos a intuição criadora, a capacidade criadora dos indivíduos. Como essas instituições e essa capacidade variam, divergem, também as interpretações. Portanto, em toda interpretação temos uma pequena criação, pois o 'sujeito' nunca é passivo".[26] Além disso, *"quando se atingem os limites do direito positivo, já não há mais 'objeto' e o processo interpretativo cessa, dando lugar, então, ao processo criador".*[27] Adiante, expondo as fases da exegese, anota não que se faz apenas interpretação literal, lógica e sistemática, mas também a sociológica (além da histórica e científica), quando se leva em conta a situação social do presente, visando a impedir resulte desintegração na coletividade em função de um sentido anti-social que se vislumbre na norma.[28]

Carlos Maximiliano esclarece que: *"Considera-se o direito como uma ciência primariamente normativa ou finalística; por isso mesmo a sua interpretação há de ser, na essência, teleológica. O hermeneuta sempre terá em vista o fim da lei, o resultado que a mesma precisa atingir em sua atuação prática".*[29] Insiste em que o texto legal deve ser adaptado ao fim atual[30] e enfatiza a relevância dos fatores sociais na interpretação, igualmente aqui com visualização correspondente ao instante interpretativo.[31]

O próprio Hans Kelsen – um dos papas do dogmatismo e do positivismo jurídicos, nome ímpar do normativismo e da corrente que encara o direito como objeto ideal, estudável por método racional-dedutivo – soube diagnosticar as limitações de sua teoria, e também por isto foi genial. Deplora-se que muitos o conheçam por ouvir dizer (e ouvem, é óbvio, apenas sobre alguns trechos de sua obra) ou, se o lêem, o fazem em parte, deixando de lado pontos imperdíveis. Depois custam a acreditar que Kelsen tenha escrito certas coisas e quase ficam apopléticos ao delas tomarem ciência. Kelsen, na parte final de sua *Teoria pura do direito*[32] explica que ela não é suficiente para um juiz proferir julgamento. A pluralidade de significações de uma palavra ou seqüência de palavras provoca não seja unívoco o sentido verbal de uma norma, o que enseja várias possibilidades interpretativas, quando aplicada a teoria pura do direito.O juiz, para decidir, deve sair do momento jurídico-científico, para ingressar no momento

---

[26] *Introdução à ciência do direito.* 2ª ed. Rio de Janeiro: Forense, 1960, p. 136.

[27] Ob. cit., p. 137.

[28] Ob. cit., p. 140.

[29] *Hermenêutica e aplicação do direito.* 9ª ed. Rio de Janeiro: Forense, 1979, p. 151 e 152.

[30] Ob. cit., p. 155.

[31] Ob. cit., p. 157 a 160.

[32] Vol. II, 2ª ed. Coimbra: Arménio Amado, Sucessor, 1962, p. 283 a 298.

jurídico-político, ou seja, passa da mera cognição para um ato de volição, de escolha de uma das interpretações possíveis. Esta opção só pode ser feita com base em valores, como ensina Kelsen! Ademais, a escolha judicial cria direito. A meu pensar, Kelsen deixa como irrespondível pelo menos uma necessária dicotomia entre lógica jurídica proposicional e lógica jurídica decisional.

Claus-Wilhelm Canaris (catedrático em Munique, como sucessor de Karl Larenz) produziu obra importantíssima sobre o tema agora versado. Uma de suas conclusões relevantes é a de que o sistema jurídico é *"ordem axiológica ou teleológica de princípios jurídicos gerais"*.[33]

Na linha de pensamento de Canaris, Juarez Freitas redigiu texto notável sobre a interpretação sistemática,[34] demonstrando como o sistema jurídico é uma rede axiológica e hierarquizada de princípios gerais e tópicos, de normas e de valores jurídicos, tendo como fundamentos os princípios e objetivos básicos do Estado Democrático de Direito, como consubstanciados, expressa ou implicitamente, na Constituição.[35]

1.3. A moderna dogmática e a interpretação das leis

Saindo um pouco do plano mais jusfilosófico e de teoria pura da hermenêutica, felizmente constata-se que nossos mestres da dogmática fornecem magníficos exemplos de percepção da via correta de encarar o direito, em sua essência, interpretação e aplicação. Sílvio Rodrigues[36] censura a tentativa de procurar na lei apenas a vontade do legislador, pois primordialmente interessam os fins a que se endereça e *"a lei disciplina relações que se estendem no tempo e que florescerão em condições necessariamente desconhecidas do legislador"*. Alfredo Augusto Becker[37] escreve sobre o caráter instrumental de todo o direito, que não visa a atingir a realidade ou a verdade, senão que é voltado integralmente para a concretização do bem comum. José Cretella Júnior[38] argumenta que não tem o jurista que resolver problemas de matemática pura, mas problemas sociais, visando à paz social, com o que o raciocínio lógico-matemático é inadequado; apóia-se em Gaston Jèse e prossegue: *"Quando a aplicação*

---

[33] *Pensamento sistemático e conceito de sistema na ciência do direito.* Lisboa: Fundação Calouste Gulbenkian, 1989, p. 280.

[34] *A interpretação sistemática do direito.* São Paulo: Malheiros, 1995.

[35] Ob. cit., p. 40.

[36] *Direito civil-parte geral.* Vol. I, 4ª ed. São Paulo: Max Limonad, [s/d], p. 49 e 50.

[37] *Teoria geral do direito tributário.* 2ª ed. São Paulo: Saraiva, 1972, p. 55 e 56.

[38] *Tratado de direito administrativo.* Vol. X, Rio de Janeiro: Forense, 1972. p. 26.

Estudos de DIREITO DE FAMÍLIA

lógica de uma máxima jurídica conduz a conseqüências socialmente perniciosas, isso é freqüentemente a melhor prova de que a máxima foi invocada de maneira abusiva"; e ainda: *"Uma solução jurídica deve ser valorada na medida em que contribui para a manutenção da paz social. Uma teoria jurídica é apreciada, antes de mais nada, pelas conseqüências sociais"*. José Frederico Marques,[39] já em suas antigas Instituições, não hesitava em proclamar sua adesão à lógica do razoável, de Recasens Siches.

Pontes de Miranda é o exemplo mais notável. Assim é porque são posições assumidas clara e reiteradamente – e até de maneira contundente, e às vezes agressiva – por um dos maiores juristas brasileiros e mundiais, que construiu sua obra mais célebre, o *Tratado de Direito Privado*, dentro de uma perspectiva dogmática e quase racional-dedutiva, em um rigorismo kelseniano. Suas posturas, a respeito de interpretação e aplicação da lei, chegam a ser inacreditáveis para muitos,[40] que para se convencer precisam ler o que por ele foi escrito nos *Comentários ao Código de Processo Civil*,[41] ao tratar do art. 485, inciso V. Em extensas ponderações, o grande jurista emite juízos da seguinte espécie: a) *"o direito, o ius, em todas as épocas, é o que se reputa justo, e se realiza, (...)"*. b) *"O princípio de que o juiz está sujeito à lei é, ainda onde o meteram nas Constituições, algo de 'guia de viajantes', de itinerário, que muito serve, mas nem sempre basta. (...) Se entendermos que a palavra 'lei' substitui a que lá devera estar, 'direito', já muda de figura. Porque direito é conceito sociológico, a que o juiz se subordina, pelo fato mesmo de ser instrumento de realização dele. E esse é o verdadeiro conteúdo do juramento do juiz, quando promete respeitar e assegurar as leis. Se o conteúdo fosse o de impor a letra legal, e só ela, aos fatos, a função judicial não corresponderia àquilo para que foi criada: apaziguar, realizar o direito objetivo. Seria a perfeição em matéria de braço mecânico do legislador, braço sem cabeça, sem inteligência, sem discernimento; mas anti-social e, como a lei e a jurisdição servem à sociedade, – absurda. Além disso, violaria, eventualmente, todos os processos de adaptação da própria vida social, porque só atenderia a eles, fosse a Moral, fosse a Ciência, fosse a Religião, se coincidissem com o papel escrito. Seria pouco provável a realizabilidade do direito objetivo, se só fosse a lei: não apenas pela inevitabilidade das lacunas, como porque a própria realização supõe provimento dos casos omissos e a subordinação das partes imperfeitas aos princípios do próprio direito a ser realizado"*. c) *"Pouco importa, ou nada importa, que a letra*

---

[39] *Instituições de direito processual civil*. Vol. I, 4ª ed. Rio de Janeiro: Forense, 1971, p. 96.

[40] Até insinuam alguns que Pontes foi o pioneiro do direito alternativo...

[41] Tomo VI, Rio de Janeiro: Forense, 1974, p. 287 a 310.

seja clara, que a letra seja clara: a lei pode ser clara, e obscuro o direito que, diante dela, se deve aplicar. Porque a lei é roteiro, itinerário, guia". d) *"O velho aforismo 'in claris non fit interpretatio' não mais se leva a sério".* e) *"Ainda quando o juiz decide 'contra legem scriptam', não viola o direito, se a sua decisão corresponde ao que 'se reputa' direito".* f) *"Por isso, o juiz deve afastar-se do texto legal, quando, deixando de aplicá-lo, serve ao direito do seu momento, porque, com tal procedimento, atende aos dois ideais aparentemente inconciliáveis: o da fixidez e o de mutação".* g) *"Alguns julgados se aferraram à noção de letra da lei, como se pudesse o juiz distinguir onde acaba a interpretação não literal ou a interpretação literal".* São palavras que merecem toda a atenção, na medida em que pronunciadas por um dos maiores juristas do mundo em todas as época e que deveu sua fama não a estudos filosóficos ou sociológicos, mas sim a monumentais trabalhos de dogmática jurídica.

Não poderia ser diverso o quadro prevalente, pois a ciência do direito, como se viu, é ciência cultural, que lida com objetos culturais, segundo métodos consentâneos de abordagem.

A ontologia expôs, sobejamente, a imprescindibilidade de variar as metodologias em conformidade com a região ôntica estudada. Manuel Garcia Morente[42] faz ver que: *"De outra parte, este intento ou ensaio de determinar as estruturas ônticas, essas estruturas que chamamos categorias, tem outra conseqüência de uma importância fundamental. Quando tivermos visto quais são as categorias estruturais próprias de cada região da objetividade, então advertiremos que essas estruturas pertencem aos objetos mesmos, ao grupo de objetos mesmos; que impõem suas características aos métodos que o homem, como sujeito cognoscente, empregar para tomar conhecimento desses objetos. E chegaremos facilmente à conclusão de que cada região ontológica tem suas características ônticas próprias e que se a inteligência humana, desejosa de conhecer os objetos dessa região, não tomar em conta a estrutura ôntica peculiar dessa região e aplicar a ela métodos que não lhe são próprios ou peculiares, porque são métodos tirados de outras regiões em que há outras estruturas distintas, então daqui, desta aplicação de métodos inadequados às estruturas peculiares de uma região, nascerão forçosamente equívocos, falhas ou más interpretações, que conduzirão as ciências a erros crassos".*[43]

---

[42] *Fundamentos de filosofia.* 8ª ed. São Paulo: Mestre Jou, 1980, p. 287.

[43] Por isto, como salientado em trecho anterior deste trabalho, Machado Neto, inspirado em Carlos Cóssio, propugna não se use para o direito o método racional-dedutivo e nem o empírico-indutivo, mas sim o empírico-dialético (não a lógica formal ou matemática, mas uma lógica concreta, material, dialética, do razoável).

1.4. A posição do Poder Judiciário

Os juízes e tribunais, como não poderia deixar de ser, estão atentos e sensíveis às transformações hermenêuticas. Aliás, mais do que ninguém, devem estar, pois são eles que lidam diretamente com o drama humano no dia-a-dia.

O Supremo Tribunal Federal preconiza a intransigência na defesa dos princípios[44] e chega a resolver que o próprio legislador não pode praticar desvio ético-jurídico, ou seja, o poder normativo do Estado é limitado.[45] Em múltiplos julgamentos, nossos tribunais vêm, reiteradamente, argumentando com a relevância da interpretação sistemática, da obediência à lógica do razoável, com a preocupação pelo valor do justo, e outros aspectos correlatos. Enumero apenas alguns exemplos. Em REsp 43.467/MG, foi asseverado que significativa desproporção econômica ou sociocultural entre as partes pode permitir maior iniciativa probatória do juiz.[46] Sobre uso de métodos de exegese mais modernos: STJ, em Revista de Processo 81/283. A respeito da superação do *pacta sunt servanda* e maior influência dos valores: STJ, em LEX – Jurisprudência do STJ e TRF 86/185. A lógica do razoável, de Recasens Siches, tem sido mencionada em muitos acórdãos do Superior Tribunal de Justiça; cito exemplos: a) REsp 532946/PR, julgado pela 4ª Turma em 21.08.03, sendo Relator o Min. César Asfor Rocha;[47] b) REsp 441466/RS, julgado pela 1ª Turma em 22.04.03, sendo Relator o Min. Luiz Fux;[48] c) RESP 312520/AL, julgado pela 4ª Turma em 09.04.02, sendo Relator o Min. César Asfor Rocha;[49] d) REsp 161440/RS, julgado pela 1ª Turma em 04.09.01, sendo relator o Min. Milton Luiz Pereira;[50] e) REsp 167383/DF, julgado pela 4ª Turma em 08.05.01, sendo relator o Min. Sálvio de Figueiredo Teixeira;[51] f) REsp 234385/SP, julgado pela 4ª Turma em 04.04.00, sendo Relator

---

[44] RTJ 155/748. Em Revista Jurídica 219/85, foi afirmado, na Suprema Corte, em citação de Celso Antônio Bandeira de Mello, que violar um princípio é muito mais grave do que transgredir uma norma.

[45] LEX – Jurisprudência do STF 202/88.

[46] Boletim Informativo Mensal da Corregedoria-Geral da Justiça do R. G. do Sul, n° 226/78.

[47] DJ de 13.10.03, p. 373.

[48] DJ de 09.06.03, p. 179.

[49] DJ de 24.03.03, p. 224.

[50] DJ de 25.02.02, p. 204. Consta no acórdão: "A interpretação das disposições legais não pode desconsiderar a realidade ou a chamada 'natureza das coisas' ou a 'lógica do razoável'. Com afeição à instrumentalidade do processo-meio e não fim, deve guardar o sentido eqüitativo, lógico e acorde com as circunstâncias objetivamente demonstradas. O direito não é injusto ou desajustado à dita realidade".

[51] DJ de 15.10.01, p. 265. Consta no acórdão: "A lei, prelecionava o grande Amílcar de Castro, embora nunca ao arrepio do sistema jurídico, deve ser interpretada em termos hábeis e úteis. Com os olhos voltados, aduza-se com Recasens Siches, para a lógica do razoável".

também o Min.Sálvio;[52] g) REsp 355518/SP, julgado pela 4ª Turma em 13.12.93, sendo Relator outra vez o Min. Sálvio;[53] h) REsp 13416/RJ, julgado pela 4ª Turma em 17.03.92, sendo Relator ainda o Min. Sálvio[54]

Em REsp 4.987-RJ,[55] o Ministro Sálvio de Figueiredo falou que na evolução atual do direito de família é injustificável o fetichismo de normas ultrapassadas, em detrimento da verdade real. E mais: o STJ, pela relevância de sua missão constitucional, não pode deter-se em sutilezas de ordem formal que impeçam a apreciação das grandes teses jurídicas que estão a reclamar pronunciamento e orientação pretoriana. Enunciou o Ministro que a vida é mais rica que nossas teorias, e, citando De Page, que o juiz não pode quedar-se surdo às exigências do real e da vida. O fim da lei não é a cristalização ou imobilização da vida. A interpretação das leis não deve ser formal, mas real, humana, socialmente útil.[56]

1.5. A insuficiência manifesta da interpretação literal

Revalorizar a letra da regra jurídica é emprestar demasiada importância à interpretação literal ou gramatical, de escasso alcance. É retorno a uma etapa de há muito vencida. A literalidade do dispositivo legal é apenas passo preambular e menor de todo um trilhar exegético. Para saber se uma lei é clara, é preciso primeiro interpretá-la! Portanto, não tem consistência a asserção de que lei clara não deve ser interpretada. É um paradoxo semelhante ao vivido pelos que querem negar a filosofia: só podem tentar a negativa se primeiro filosofarem. Daí o dizer de Karl Larenz: "... *a necessidade da interpretação de todos os textos legais logo*

---

[52] DJ de 14.08.00, p. 177. Consta na ementa: "A melhor interpretação não se subordina servilmente às palavras da lei, nem usa raciocínios artificiais para enquadrar friamente os fatos em conceitos prefixados, porém se preocupa com a solução justa, com os olhos voltados para a lógica do razoável, na expressão de Recasens Siches".

[53] DJ de 21.03.94, p. 5488. Lê-se na ementa: "Ao lado dos métodos literal, histórico, comparado e lógico-sistemático, outros métodos de exegese mais modernos, vêm se impondo nos arraiais da hermenêutica, tais como o teleológico, o evolutivo, o axiológico e o calcado na lógica do razoável".

[54] DJ de 13.04.92, p. 5001. Fala o Relator: "A lei, que deve ser entendida em termos hábeis e inteligentes, deve igualmente merecer do julgador interpretação sistemática e fundada na lógica do razoável, pena de prestigiar-se, em alguns casos, o absurdo jurídico".

[55] Boletim IOB de jurisprudência 23/91, p. 502, item 6330. O mesmo em LEX – Jurisprudência do STJ e TRF 32/159. Ainda: comentário sobre o acórdão, em artigo do Prof. César Asfor Rocha, em Revista Jurídica 170/5.

[56] Sobre o direito de família, evidentemente, retornarei muitas e muitas vezes neste livro. O acórdão ora citado é apenas antecipação exemplar cabível neste primeiro capítulo. O segundo capítulo, como adiantei, aprofundará, para a família, as teses ora expostas. O direito de família – é primário – é dos que mais sofre se enfocado dentro de uma lógica formal, com prestígio da interpretação literal ou gramatical.

Estudos de DIREITO DE FAMÍLIA

deriva, como vimos antes, de a maioria das representações gerais e dos conceitos da linguagem corrente terem 'contornos imprecisos'".[57] Aduz Larenz que o uso lingüístico muitas vezes oscila, e que o significado duma palavra pode variar segundo a posição na frase, a acentuação ou o contexto do "discurso". Larenz também denuncia a insuficiência da exegese gramatical, porque o sentido literal permite diversas interpretações.[58] Discorre sobre as várias modalidades de variações que pode sofrer a apreciação vocabular, pelas conotações e denotações múltiplas.

A grande imprecisão do significado vulgar das palavras, a variabilidade do uso das palavras dentro da própria comunidade lingüística, a limitação da significação usual ao efeito de palavras isoladas ou do conjunto de palavras duma frase são fatores arrolados por Philipp Heck para criticar o emprego do sentido literal puro.[59] Para Heck, o juiz não é máquina de subsunção, sem valoração pessoal, mas igualmente cria normas.[60] Desenvolve, em outro trecho de sua obra, exame mais profundo das deficiências da letra da lei.[61] Não deixa de destacar que *É perfeitamente notório que as leis são, por vezes, mal redigidas*".[62]

Dourado de Gusmão é categórico em colocar a assertiva de que "*a interpretação é necessária, mesmo para as normas claras, pois a interpretação não exige obscuridade do preceito, resultando da necessidade de se compreender a norma. Dessa forma, não é procedente o aforismo 'in claris non fit interpretatio', pois só interpretando poder-se-á saber se a norma é clara*".[63] Adiante, despe mais uma vez de relevância a interpretação literal, posto que as palavras são símbolos que significam algo e esse algo é justamente a razão de ser da norma, que deve regular as relações sociais".[64]

Engisch verifica que a linguagem técnico-jurídica da lei de modo algum é tão rigorosa como pensam os incautos. A pura interpretação verbal é afastada pela interpretação sistemática e teleológica.[65]

Cóssio[66] também entende indispensável interpretar normas que muitos possam ter como claras. Defende que se cogita de realizar a valoração jurídica ínsita a qualquer aplicação do direito. Fornece exemplo singelo:

---

[57] Ob. cit., p. 356.
[58] Ob. cit., p. 369.
[59] Ob. cit., p. 51 a 53.
[60] Ob. cit., p. 24.
[61] Ob. cit., p.129 a 165.
[62] Ob. cit., p. 150.
[63] Ob. cit., p. 134.
[64] Ob. cit., p. 138.
[65] Ob. cit., p. 113.
[66] *La valoración jurídica y la ciencia del derecho*, ob. já cit., p. 132.

"No se trata de saber qué significa juridicamente '22 años', y es claro que la mera comprensión de este significado astronômico nada nos dice de por si sobre el papel que juega en el mundo del derecho. Así resulta la interpretación da la ley un problema constante e ineludible en cada caso judicial y, por eso mismo, uno de los problemas más apasionantes dela ciencia del derecho".

Vimos antes como Pontes de Miranda é incisivo ao atacar a interpretação literal, chegando a dizer que não mais se leva a sério o aforismo de que quando a lei é clara descabe interpretação.

Carlos Maximiliano[67] investe fortemente contra a parêmia *in claris cessat interpretatio*, demonstrando sua carência de sentido, sua inutilidade, sua invalidade. O que é claro? Como descobrir se há ou não hialinidade sem prévia interpretação? A hermenêutica não se preocupa com invólucro verbal unicamente, mas quer o conteúdo da norma, suas significações, seu alcance. Todas as frases jurídicas são suscetíveis de interpretação. Ao perquirir sobre a exegese literal, assinala que o maior perigo, fonte perene de erros, acha-se no extremo de excessivo apego às palavras.[68]

Anteriormente, viu-se como Hans Kelsen raciocinou com a pluralidade de significados de uma palavra ou grupo de palavras, o que problematiza e relativiza o processo interpretativo.

Recasens Siches,[69] de forma magistral e irônica, é incisivo no asserto de que sem interpretação não há possibilidade de que exista nenhuma ordem jurídica. Ridiculariza legisladores que tentarem proibir que suas leis fossem interpretadas.[70]

Mesmo a lei processual, apesar de seu cunho essencialmente formal, não se compadece com a interpretação só literal, *"que os mestres da hermenêutica consideram a mais pobre, a menos satisfatória, a menos inteligente"*, consoante palavras de um grande processualista: Galeno Lacerda.[71]

Os modernos desenvolvimentos da ciência lingüística colaboram para ressaltar a fragilidade da exegese literal. E tais estudos já vêm sendo

---

[67] Ob. cit., p. 33 a 39.

[68] Ob. cit., p. 111.

[69] Or. cit., p. 627.

[70] Para este ridículo pode estar se encaminhando a súmula vinculante. Ou não querem que seja intepretada? Leis podem ser interpretadas, mas súmulas não?! E a adequação da súmula vinculante às circunstâncias do caso concreto?

[71] *Comentários ao Código de Processo Civil*. Vol. VIII, tomo I, Rio de Janeiro: Forense, 1980. p. 417. A propósito: RESP 149160/RS, julgado pela 4ª Turma em 18.06.98, sendo Relator o Min. Ruy Rosado de Aguiar (DJ de 28.06.99, p. 117); ali é dito que se precisa levar em conta a "instrumentalidade do processo contemporâneo, informado pela teleologia das normas processuais e pela 'lógica do razoável', desde que não vulnerado o 'devido processo legal'".

trazidos ao campo da ciência jurídica, com intensa acuidade, com constatações sólidas e ponderáveis. O direito não pode deixar de se expressar em uma linguagem que é sistema de signos (a teoria dos signos é objeto da semiologia). A linguagem jurídica tem os níveis sintático, semântico e pragmático. A significação das palavras sempre e forçosamente vai depender do relacionamento entre os signos (são as relações sintagmáticas e as associativas). Os signos são arbitrários e sua mutabilidade não depende da vontade particular do usuário. A propósito, explana Rosa Maria Cardoso da Cunha:[72] *"Explica-se a arbitrariedade do signo pela natureza convencional da linguagem, que supõe, originariamente, uma associação imotivada entre uma significação e um significado. Esta tese, ou seja, a afirmação de ser convencionada a relação estabelecida entre o grafismo e um conceito, desqualifica as concepções realistas sobre a linguagem, com grande prestígio no pensamento dogmático. Quanto à regra da imutabilidade e mutabilidade do signo com prescidência da vontade particular do usuário, evidencia a mesma, outra vez, o caráter institucional, social e ideológico da linguagem. Assim, manter-se-ia a língua irredutível frente ao propósito particular do indivíduo no sentido de modificá-la; do mesmo modo, não poderia a vontade de um sujeito deter a mudança gradual e histórica das significações lingüísticas"*. As significações são determinadas histórica e valorativamente, com o que *"implicaria a tarefa interpretativa no relevamento de sentidos equívocos e cambiantes"*. A vontade do legislador ou a vontade da lei não poderiam estabelecer sentidos originários e unívocos para as expressões legais.[73]

Equivocada a demasiada preocupação pela letra da lei em nome da segurança jurídica. Ainda que a ordem e a segurança estejam na hierarquia dos valores jurídicos e ocupem lugar expressivo, colocam-se em plano inferior ao valor do justo.[74] A justiça é a maior garantia da permanência da ordem e da segurança.

1.6. Conclusão (e o direito de família?)

Não há por que recear o poder criador dos juízes, que vivificam, humanizam, concretizam, amoldam, atualizam, maleabilizam, tornam pos-

---

[72] *O caráter retórico do princípio da legalidade.* Porto Alegre: Síntese, 1979, p. 94.

[73] Ob. cit., p. 97. Além de Rosa Maria, conf. Luis Alberto Warat (*Mitos e teorias na interpretação da lei.* Porto Alegre: Síntese, sem data ou edição, p. 93 a 106) e Genaro R. Carrió (Notas sobre derecho y lenguaje. 2ª ed. Buenos Aires: Abeledo-Perrot, 1979, p. 28 a 36).

[74] Recasens Siches, ob. cit., p. 618. Cóssio, La Valoración (...) cit., p. 83. Dourado de Gusmão, ob. cit., p. 496.

sível, fazem justo, equânime e adequado o direito.[75] Os magistrados acompanham a evolução do direito em relação aos eventos sociais, intentando minimizar o completo descompasso que pode emergir da cristalização legislativa, acentuado em nosso país por sua extensão continental e feitura centralizada (Brasília) dos principais ramos do direito; sentem, pressentem, ocupam-se e preocupam-se com as peculiaridades de cada caso que lhes é submetido, sem nunca descurar, obviamente, dos dados fático-probatórios: estão, e precisam estar, na linha de frente dos embates sociais, diagnosticando as defasagens do sistema jurídico, corrigindo-as e completando-as com exercício de verdadeiro poder criador, quando indispensável, sem elidir os princípios básicos norteadores do direito nacional. Por compreender plenamente este papel judicial é que a escola anglo-norte-americana prevalente tanto insiste em que o direito realmente aparece só através da decisão do julgador.

Em múltiplos e esplêndidos exemplos, a jurisprudência tem se antecipado aos demais Poderes na percepção de pungentes dramas individuais e sociais, conscientização que desemboca em diuturnos e notáveis esforços de adaptação do direito vigente aos novos problemas e valores. Tardiamente, vêm as leis prever situações já desbravadas e equacionadas pelos juízes e tribunais.

Sem qualquer amparo objetivo a observação de que as leis sejam elaboradas corretamente. A todo instante a mentalidade jurídica queda-se perplexa diante de gravíssimos equívocos de técnica legislativa. A lida permanente com o conjunto normativo torna primária esta constatação. Ademais, muitas vezes nosso legislador desempenha sua atividade em planos por demais abstratos e etéreos, desvinculado das praticidades comunitárias e forenses, distante do drama humano, vivenciado sempre pelo juiz. Ao aprovar o texto normativo, é impraticável a previsão exaustiva de todas as nuanças, detalhes, sutilezas, variações, versatilidades, mudanças oferecidas pelos fatos e pelos seres humanos. Tudo isto se acentua ao máximo no campo do direito de família, que lida com os aspectos mais íntimos e delicados do ser humano. Em outras oportunidades, deparamonos com lei talvez produto da vontade de poucos (regimes de força), que por circunstâncias políticas conjunturais lograram impô-la ao órgão sedizente legislador. Imprevisíveis contingências partidárias consubstanciam

---

[75] Oportuno lembrar a boa parcela de razão que tem a filosofia jurídica dominante no direito anglo-norte-americano – o realismo jurídico –, que entende que direito é aquilo que os juízes dizem que é direito. Estranham eles construções teóricas como a de Pontes de Miranda, nos seis primeiros volumes de seu Tratado de direito privado (oriunda do direito continental), quando o direito é identificado com normas preexistentes à ação dos juízes, as quais prevêem suportes fáticos, que, uma vez configurados, produzem a incidência daquelas normas, ou seja, os fatos do mundo fático são juridicizados, ingressando no mundo jurídico, etc, etc.; vislumbram eles aí um refinamento cerebrino distante da realidade do fenômeno jurídico.

Estudos de DIREITO DE FAMÍLIA

também fatores conducentes à edição de comandos não bem meditados, refletidos e pensados. Nada disto implica chancelar excessos, tais como deixar de lado normas constitucionais; toda a interpretação deve passar pelo crivo constitucional, mas sempre tendo a Constituição como limite. A lei infraconstitucional, por sua vez, é o parâmetro permanente, não se cogitando de desrespeitá-la, mas sim de interpretá-la corretamente.

É axiomático que juízes igualmente incidem em desacertos, mas as dificuldades daí decorrentes são abrandadas e suavizadas pela fragmentariedade e ubiqüidade do agir judicial; pela presença do magistrado junto aos acontecimentos; pelas maiores dificuldades em jungir os órgãos do Judiciário aos comprometimentos de grupos de pressão política e econômico-financeira; pela modificabilidade oriunda dos recursos; pelo acompanhamento atento dos interessados e seus patronos; pela fiscalização exercida pelo Ministério Público; pelo fato de que o magistrado ouve diretamente os arrazoados das partes e procuradores, que investigam todos os contornos do caso, minuciosamente; pelo dado de que o julgador acompanha o evolver das ocorrências sociais, ao passo que a lei se estratifica em determinado momento temporal; pela ponderação perene que efetua o juiz das repercussões do comando legal no ambiente sociocultural; pelo contato do juiz com as especificidades da hipótese sob julgamento; pelo tonificante e produtivo pensar e repensar doutrinário e jurisprudencial do dispositivo legal, revolvendo-o em suas deficiências, o que vai refletir na aplicação judicial do direito. O homem não existe para servir à lei e nem ao direito; o contrário é que se impõe e aqui é importante a ação esclarecida do juiz.

A independência, inteligência, conhecimento[76] e dignidade dos magistrados (que deve ser presumida até prova em sentido diverso e é teoricamente insustentável que uma comunidade emposse, em sã consciência, juízes corruptos), ao interpretarem a lei, nunca será causa de entorpecimento ou encarecimento da justiça. Estes defeitos radicam em bases diversas, bem conhecidas.

Uniformidade nos julgamentos haverá apenas quando o direito não mais for aplicado por homens. Uma única diretriz exegética é simplesmente impossível por conflitar com a natureza mesma do direito e da ciência do direito. Se, como explanei, o direito é objeto situado na região ôntica dos bens culturais, e a ciência que o estuda é cultural, o repensar das normas jurídicas é imprescindível.

---

[76] Falando em conhecimento, é indispensável que as faculdades de direito e os estudantes dêem maior importância a temas como os ora versados. A fragilidade é tão acentuada neste campo que os bacharéis em direito, perguntados sobre quais são as ciências jurídicas (afinal, fazem um curso de ciências jurídicas e sociais), não sabem responder corretamente! Este teste terrível – até escandaloso em seus resultados – pode ser feito por qualquer professor que lecione para pessoas já formadas em direito.

Fundamental à vivência da democracia e da liberdade é a percepção da necessidade de diferenciar os seres humanos, de tratar distintamente seus problemas individuais, de conferir aos juízes poderes e confiança para analisar, sentir, compreender, avaliar e julgar tais problemas, observando a infinita variedade de comportamentos. Minha desconfiança ao estandardizado, ao padronizado, ao massificado, ao dogmatizado. Muito maior esta desconfiança quando se trata de direito de família, no qual as paixões, emoções, sentimentos, subjetividades, sutilezas psicológicas, perfis psicopatológicos, delicadezas das situações pessoais, peculiaridades infinitas e relevantíssimas dos casos concretos, profundos interesses humanos e sociais envolvidos, potencialidade destruidora das decisões impensadas, recomendam e tornam até essencial que o juiz pondere cuidadosamente as circunstâncias especiais de cada caso, absolutamente imprevisíveis pela frieza do texto normativo.

Minha confiança em que a humanidade perseverará na esperança de alcançar a justiça, para o que, certamente, se o direito é instrumento essencial, não o é a literalidade de diplomas legislativos ou súmulas vinculantes, menos ainda na esfera do direito de família. No próximo capítulo, estudaremos a visão contemporânea desta área do direito, adequando-a aos princípios exegéticos arrolados agora.

2. Tendências modernas do direito de família

2.1. Introdução

O direito de família evoluiu para um estágio em que as relações familiares se impregnam de autenticidade, sinceridade, amor, compreensão, diálogo, paridade, realidade. Trata-se de afastar a hipocrisia, a falsidade institucionalizada, o fingimento, o obscurecer dos fatos sociais, fazendo emergir as verdadeiras valorações que orientam as convivências grupais.

São características básicas do moderno direito de família, além da revalorização do aspecto afetivo e da busca da autenticidade nas relações familiares, a preocupação em dar primazia aos interesses das crianças e adolescentes, temas que serão desenvolvidos neste capítulo.

O regramento jurídico da família não pode insistir, em perniciosa teimosia, no obsessivo ignorar das profundas modificações consuetudinárias, culturais e científicas; petrificado, mumificado e cristalizado em um mundo irreal, ou sofrerá do mal da ineficácia. Neste ramo do direito, situam-se como importantíssimas as novas visões hermenêuticas do direito em geral, consoante exposto no primeiro capítulo, na medida em que levam em conta fatos sociais e valores.

Tanto é assim que já em 1984 Orlando Gomes afirmava que o direito de família era aquele em que mais se fazia sentir a necessidade de modernização.[77]

Uma família que experimente a convivência do afeto, da liberdade, da veracidade, da responsabilidade mútua, haverá de gerar um grupo familiar não fechado egoisticamente em si mesmo, mas sim voltado para as angústias e problemas de toda a coletividade, passo relevante à correção das injustiças sociais. Sempre foi sustentado que as modificações na família conduzem às modificações na sociedade; só por aí se pode ver a

---

[77] *O novo direito de família*. Porto Alegre: Sergio Fabris, 1984, p. 8.

Estudos de DIREITO DE FAMÍLIA

importância enorme que o direito de família possui. A maior solidariedade e fraternidade na família repercute em uma coletividade mais solidária. Renunciar à solidariedade, em nome de um pensamento econômico brutalmente concorrencial e predador, que sacraliza o enriquecimento patrimonial e o consumismo desenfreado – que passam a ser fins em si mesmo –, levará à deterioração e destruição dos laços sociais, com aumento da pobreza, desemprego e violência. É sem perspectivas uma sociedade que colha seu sentido, social e individual, de valores exclusivos de competição e consumo. Depois se admiram com o crescimento da criminalidade e acham que resolve o problema criar a qualificação de crimes hediondos ou implantar a pena de morte...

A renovação saudável dos vínculos familiares, estruturados na afeição e na comunicação não-opressiva,[78] produzirá número muito menor de situações psicopatológicas, originadas de ligações inadequadas, quer pela dominação prepotente, quer pela permissividade irresponsável.[79]

A nova visão sobre as normas jurídicas reguladoras da família é harmônica com o avanço das concepções filosóficas em torno da essência do fenômeno jurídico, versadas no capítulo precedente.

Os estudos sociológicos e antropológicos fornecem extraordinária gama de informações que não podem ser desconhecidas pelo legislador e pelo aplicador da lei. Revelam a multiplicidade de estruturas e funções familiares e as alterações trazidas à família por uma multiplicidade de causas. Godfrey Lienhardt[80] fala que *"o casamento rigorosamente monógamo e a família elementar, ou conjugal, de marido, mulher e filhos – a família 'natural' da teologia moral européia – vivendo juntos em sua casa, são assim formas muito especializadas dessas instituições. Noções de família e lar incluíram habitualmente grupos maiores , e de organização mais complexa, e relações entre parentes e afins"*. Ralph Linton[81] aponta a *"extrema mutabilidade dos homens e suas instituições sociais"* e que a organização da família em determinada sociedade envolve exigências funcionais solucionáveis com maneiras alternativas, sendo a incorporação de certa alternativa só explicável *"em termos de situação total existente na época em que a preferência foi decidida, isto é, em termos de casualidade*

---

[78] Jürgen Habermas procura construir uma ética fundada em uma ação comunicativa pura, caracterizada pela eliminação de qualquer coação externa e interna. Para tal, considera essenciais a crítica das ideologias e a psicanálise. Conf.: a) *Conhecimento e Interesse*. Rio de Janeiro, Zahar Editores, 1982. b) *Teoría de la acción comunicativa*. Tradução da 4ª ed. alemã. Madrid: Altea, Taurus, Alfaguara, S.A., 1987. c) *Dialética e hermenêutica*. Porto Alegre: L&PM, 1987.

[79] A má organização familiar como fator capaz de causar doenças mentais constitui tema recorrente nos estudos de R. D. Laing e David Cooper.

[80] *Antropologia social*. Rio de Janeiro: Zahar Editores, 1965, p. 112.

[81] *O homem: uma introdução à antropologia*. 5ª ed. São Paulo: Livraria Martins Editora, 1965, p. 177 e 195.

histórica". Alvin Tofler[82] indica como 93% da população dos EUA não mais se encaixa no modelo tradicional de família nuclear (mulher dona-de-casa e dois filhos); são pessoas vivendo sozinhas, pessoas juntas sem formalidades legais, casais sem filhos, crianças educadas por um só dos pais, casamentos homossexuais, grupos de gente idosa juntando-se para compartilharem despesas (e às vezes sexo), agrupamentos tribais entre minorias étnicas, pai e mãe vivendo e trabalhando em cidades diferentes, trabalho dos jovens, trabalho de todo o grupo familiar no próprio lar. Outros estudiosos vêm arrolando as profundas e irreversíveis modificações na órbita familiar.[83]

Não poderia ser diferente no direito de família, se o direito em geral passa por radicais transformações, adaptando-se às novas realidades sociais, econômicas, financeiras, históricas, políticas, religiosas e científicas.[84] O jusfilósofo e administrativista gaúcho, Juarez Freitas, mostrou a imprescindibilidade de os juristas e julgadores acompanharem as exigências da contemporaneidade.[85]

Almeja o presente capítulo detectar ou sugerir novos ângulos de abordagem para o direito de família, levando em conta modernos dados sociais e valorativos, muitos dos quais acabaram incorporados pelo novo Código Civil de 2002. Aqui serão colocados parâmetros fundamentais de raciocínio no direito de família, que influenciarão os assuntos específicos a serem tratados nos capítulos posteriores.

2.2. Alguns subsídios de direito comparado

Não importa apenas a legislação comparada, mas também o direito comparado.Como lembram Rahmatulla Khan e Sushil Kumar, *"the guiding factor for the comparatist in his investigations should not be a 'what' but a 'why'. He should concern himself with the why of the existence of divergencies of jurisprudence and the reason for the doctrinal divergen-*

---

[82] *A terceira onda.* 4ª ed. Rio de Janeiro: Editora Record, p. 212 a 228.

[83] a) Willian J. Goode. *A família.* São Paulo: Livraria Pioneira Editora, 1970, p. 151 a 192. b) Theodore Zeldin, em *Les Français*, Editions Fayard, 1983, *apud* Orlando Gomes, ob. cit., p. 66. c) Thery, citado por Rouast, em *Le Droit Civil Français au milieu do XX siècle*, t. I, p. 346, *apud* Orlando Gomes, em ob. cit., p. 7, aduz que um terço do povo francês não mais se interessa pelo direito de família codificado.

[84] a) *Leon Duguit. Las transformaciones del derecho publico y privado.* Editorial Heliasta S.R.L., 1975. b) Orlando Gomes. *Transformações gerais do direito das obrigações.* 2ª ed. São Paulo: Editora Revista dos Tribunais, 1980. c) Orlando Gomes. *Novos temas de direito civil.* Rio de Janeiro: Forense, 1983. d) Franz Wieacker. *História do direito privado moderno.* Lisboa: Fundação Calouste Gulbenkian, 1980, p. 679 a 722.

[85] *As grandes linhas da filosofia do direito.* Caxias do Sul: EDUCS, 1986, p. 114 a 122.

cies if he wants his labour to assume the dignity of a science".[86] O direito comparado vem se desenvolvendo em nosso país, ainda que com lentidão, se medido relativamente a outros.[87] Como advertência, a alusão de Pierre Arminjon, Boris Nolde e Martin Wolff: "*Supposons que le courant legislative soi durable, le malheur est que les courants législatifs dune époque ne sorient pas tous vers um idéal de justice et dutilité. On trouve à la source de plusieurs dentre eux des erreurs traditionelles, des préjugés, des haines irraisonnés, des intérets de classe, des engouements, des passions politiques et religieuses ou mystiques. Les types juridiques dominant ne sont pás toujours digne dêtre suivis*".[88]

As notícias sobre direito comparado, constantes deste capítulo, permitirão perceber que o Brasil chegou bastante atrasado com as reformas que têm por escopo a modernização do direito de família.

Alberto Trabucchi[89] apontou as mudanças profundas no direito italiano, pela lei de 1975: "*...la legge di riforma ha espressamente previsto Che ciascuno dei conjugi possa conservar um proprio distinto domicilio di lavoro, che non coincide con la determinazione di uma residenza cosi detta familiare. Ma è più sul modello della vita interna della famiglia Che la rivoluzione dei costumi trova uma corrispondenza nel sistema legale. Il radicale mutamento del rapporto fra sessualità e procreazione non è che il profilo più appariscente del cambiamento nella vita della coppia. La programmazione delle nascite da um lato – passata in grande parte dalle decisioni delluomo a quelle della donna – e il potere dallaltro lato riconosciuto allá stessa moglie di abortire senza che sia richiesto il consenso del marito – e sottolineamo cheuna larga maggioranza degli aborti ufficilai viene praticata da donne maritale – sono espressioni dello stesso filone di tendenza che ha portato alla non incriminazioni delladulterio e al libero riconoscimento dei figli adulterini. Questa è rivoluzione: il rapporto familiare, chiuso per naturale tendenza, non torva più difesa esterna al suo carattere istituzionale; ma forse questo à soltanto um segno che riflette la dilagante libertà dei costumi. In questo mutato clima di moralità è venuta allá luce la riforma del 75, della queale conosciamo le principali direttive di fondo: maggior rilievo dato alla libertà e serietà del volere nel matrimonio; parità assoluta frai conjugi; liberta del loro contegno nel campo delle relazioni personali; inspirazione del regolamento patrimo-*

---

[86] *An introduction to the study of comparative law, sob os auspicious do Indian Law Institute*, de New Delhi, N. M. Tripathi Pvt. Ltd., India, 1971, p. 2.

[87] Sobre o desenvolvimento desta ciência jurídica no Brasil: Arthur de Castro Borges, em *O direito comparado no Brasil*, Revista de Direito Comparado Luso-Brasileiro, Forense, n. 5, 1986, p. 179.

[88] *Traité de droit compare*. T. I, Paris: Librairie Générale de Droit et de Jurisprunce, 1950, p. 40.

[89] Famiglia e diritto nellorizzonte degli anni 80. *Revista di Diritto Civile*. Padova: Cedam-Casa Editrice Dott. Antonio Milani, 1986, n. 2, p. 161 a 189.

niale a um criterio comunitario; regolamento della vita fa miliare affidato allaccordo dei conjugi; regolamento del rapporto di filiazioni nellesclusivo interesse dei figli e parità tra legittimi e naturali".[90] Mais adiante, menciona Trabucchi como a lei impôs a equiparação, pela valorização patrimonial, do trabalho doméstico ao trabalho produtivo de utilidade econômica.[91] Com felicidade, resume o professor da Universidade de Pádua: "*riassumendo, possiamo dire che la formula invocata per la libertà allinterno delle famiglie va completata: meno diritto che possible, ma tutto il diritto che è necessario. Affinché lo spazio lasciato alla libertà non venga occupato dalle sopraffazioni delle altrui libertà! E il diritto è necessario*".[92]

Jean Delyannis[93] situou que "*les grandes lignes de la réforme du droit de la famille héllénique peuvent être groupées dans le cinq points suivants: recul de linfluence ecclésiastique; introduction des principes dégalité et autonomie juridique des époux; libéralisation du divorce; assimilation complète des effets des filiations naturelle et légitime; modernisation de la fonction parentale*".

Fréderique Ferrand,[94] analisando o direito da República Federal da Alemanha, mostrou a evolução no sentido da igualdade dos cônjuges naquele país: a) lei fundamental de 22.05.49, com o princípio da igualdade de direitos entre homens e mulheres; b) lei de 18.06.57 (lei relativa à igualdade dos sexos), que instituiu como regime legal matrimonial o de participação nos aqüestos; colocou o princípio pelo qual cada cônjuge pode ter um ou vários domicílios distintos; suprimiu o direito de direção do marido e seu poder de pôr fim à atividade profissional da esposa; introduziu a obrigação paritária e recíproca, para ambos os esposos, de contribuir para a manutenção da família; c) primeira lei de reforma do casamento, de 14.06.76: permitiu aos esposos escolher, como nome de família, o nome do marido ou da mulher; abandonou a repartição precisa de papéis entre marido e mulher e admitiu, sem qualquer reserva, que cada cônjuge pudesse ter uma atividade profissional; enfim, buscou esforçar-se para regular de maneira igualitária as relações entre os cônjuges durante a vida em comum e quando de sua cessação; d) lei de 18.07.79, sobre o

---

[90] Ob. cit., p. 167 e 168.

[91] Idem, p. 175.

[92] Idem, p. 186. Sobre o direito italiano e suas modificações, conferir também Giuseppe Tamburrino: Lineamenti del nuovo diritto di famiglia italiano. Unione Tipografica-Editrice Torinese, 1978.

[93] Les grandes lignes de la réforme du droit de la famille hellénique, em *Revue Internationale de Droit Comparé*, da Société de Législation Comparé, Paris, 1986, n. 3, p. 811 a 828. Trecho cit. está na p. 813.

[94] Le droit civil de la famille et légalité des époux en République Fédérale dAllemagne. *Revue Internationale de Droit Comparé* cit., p. 867 a 895.

Estudos de DIREITO DE FAMÍLIA

direito de autoridade dos pais, consagrando a igualdade dos esposos em suas relações com seus filhos legítimos, nascidos do casamento. Mostra o jurista como, salvo algumas exceções, *"on peut conclure à une égalité juridique et concrète de plus en plus entre les époux em Republique Fédérale dAllemagne"*,[95] salientando como *"les jurisdictions et le legislateur allemands se sont efforcés de réaliser concrètement légalité entre lês époux"*,[96] inclusive com os tribunais considerando inconstitucionais dispositivos legais antigos que contenham ainda discriminações à mulher casada.

A exagerada autoridade paterna também cedeu diante do valor maior de proteção dos interesses dos filhos menores. Exemplificativamente, é assim no direito francês. Marie-Claire Rondeau-Rivier[97] afirma que *"la notion de lintérêt de lenfant constitue le moteur de cette évolution du droit de la famille"*. O crescente desenvolvimento do instituto da adoção, em suas diversas modalidades, é outro fator demonstrativo da significação cada vez maior emprestada aos liames reais e verdadeiramente afetivos. Assim, *"toute lévolution du droit français de ladoption, refondue par la lou du 11 juillet 1966 (143) témoigne de lintérêt porte par le législateur au développement de linstitution"*.[98]

Jacqueline Rubellin-Devichi,[99] abordando as reformas no sistema francês, diz como elas *"reflètent plutôt la consécration dune nouvelle philosophie: le mariage, la famille, ne sont plus les institutions, librement choisies ou non, auxquelles lindividu se soumet, au mépris de son épanouissement, pour la durée de son existence; le 'droit moral au bonheur' doit lui permettre de rejeter um mariage désastreux, 'au profit dune union que favorisera le développement de sa personalité et comblera ses aspirations ou bonheur'"*. Em torno da superação dos anátemas lançados aos filhos ilegítimos, assim se expressa Jacqueline Rubelin-Devichi:[100] *"La place octroyée par la société entière, et par la famille, à lenfant, qui nest plus seulement uma charge – atténuée dailleurs par lapparition dapparition familiales – mais un bienfait du ciel, conduit à en faire lobjet de lattention spéciale du législateur, des éducateurs, des parents: lenfant adultérin avait bien de la chance lorsque son père entretenait avec lui des rapports daffection, et souvent il nétait pás accepté avec joie, tant sen faut*

---

[95] *Revue* cit., p. 868.

[96] *Revue* cit., p. 895.

[97] Les dimansions de la famille, artigo publicado na obra *Mariage et famille em question*, organizada pelo Institut de Droit Comparé de lUniversité Jean Moulin, de Lyon III, e editada pelo Centre Nationale de la Recherche Scientifique, 1978, t. 1, p. 45.

[98] Idem, p. 43.

[99] La diminution de limportance du mariage, em *Mariage et famille en question* cit., t. 1, p. 77 e 78.

[100] Idem, p. 82.

(62). Aujourdhui, et depuis longtemps (63), on trouve odieuse lattitude du législateur de 1804 que, croyant consolider la famille légitime, faisait de lenfant adultérin, innocent de sa naissance, mais marqué de linfamie commise par ses parents, un véritable paria. Légalité entre enfants, souhaitée par tous, passe dabord par létablissement de la filiation véritable, la présomption de paternité dût-elle y perdre de sa force: égalité et verité vont apparemment de pais dans la loi de 1972, au service de lintérét de lenfant, même si on ne sait toujours exactement le découvrir (64)". A jurista refere o desaparecimento do quadro de submissão da mulher casada na França e da hipocrisia de uniões que não conservam senão a aparência.[101]

No mesmo trabalho da Universidade Jean Moulin, Georges Peyrard[102] descreve a evolução das uniões livres e concubinárias, além de constatar que, se o casamento tende a permanecer, certamente o será em novas bases de relações entre os componentes da família. Outra tendência do direito de família contemporâneo é lá diagnosticada: a interferência crescente da autoridade judiciária na vida familiar.[103]

P. H. Steinauer, F. Schwind, F. Rigauz, D. C. Fokkema e J. Sundberg forneceram uma visão moderna do direito de família na Suíça, Áustria, Bélgica, Holanda e região escandinava.[104] Farei uma síntese dos principais aspectos registrados pelos professores:

A) Suíça: a) a união livre era ainda só tolerada, havendo cantões que até a reprimiam penalmente, mas Steinauer, professor na Universidade de Friburgo, argumenta com a nocividade de pretender fazer a defesa do casamento a qualquer preço, na medida em que fomenta, por exemplo, a duração da convivência entre casais que se hostilizam e a agressividade aos filhos ilegítimos;[105] b) é quase certo que o novo direito relacionado ao divórcio deveria facilitá-lo;[106] c) o anteprojeto de reforma do direito de família, no tocante aos efeitos pessoais e patrimoniais do casamento, previa a supressão das desigualdades entre os cônjuges, cabendo a estes organizar sua vida em comum como melhor lhes aprouver e contribuírem para as despesas do casal em proporcionalidade com as respectivas remunerações; no respeitante ao regime de bens, afasta o da comunhão como regime legal, colocando em seu lugar o de participação nos aqüestos (inegável progresso, pois busca elidir a possibilidade do casamento ditado

---

[101] Art. cit., p. 83.

[102] T. 1, p. 211 a 232.

[103] Roger Nelson, t. 1, p. 8.

[104] *Mariage et famille em question* cit., em volume dedicado aos países mencionados, 1980.

[105] Ob. cit., p. 17 e 18.

[106] Idem, p. 21.

por interesses só materiais e ajuda a convencer os cônjuges, através da comunhão do que adquirem com esforço comum, que a união conjugal tem sentido enquanto corresponde a uma união real em todos os planos da vida); d) as revisões legislativas de 1972 e 1976, relativas ao direito de filiação, consagraram o princípio da unidade da filiação, renunciando à distinção clássica entre filhos legítimos e ilegítimos.[107] Ademais, o legislador de 1972, dando prioridade ao bem do menor, estabeleceu a adoção plena, pela qual o adotado é equiparado aos demais descendentes do adotante em todos os aspectos;[108] e) Steinauer ressalta que as modificações no direito de família colimam coibir as situações ambíguas e artificiais, e lança a relevante observação de que o direito não é só reflexo da estrutura e funcionamento sociais, mas pode colaborar no sentido de incentivar e forçar alterações que se fazem imprescindíveis, combatendo aquelas normas não fundadas em uma análise verdadeiramente racional.[109]

B) Áustria: a) a lei sobre os efeitos pessoais do casamento, de 1°.07.75, substituiu o sistema patriarcal por um sistema colegiado, com as garantias de liberdade de cada cônjuge postas acima da garantia da estabilidade. O professor Schwind enuncia as causas sociais da modificação: as oportunidades crescentes de desenvolvimento intelectual das mulheres; as duas guerras mundiais fizeram as mulheres ocupar o lugar dos homens, mobilizados ou prisioneiros, surgindo daí a inevitável independência econômica; a autonomia política e ocupação de cargos públicos pelas mulheres;[110] b) o princípio segundo o qual ao marido cabia o sustento da mulher foi substituído pelo sistema de contribuições comuns, destinadas a cobrir as necessidades recíprocas razoáveis;[111] c) a lei modificadora da legislação sobre o casamento, de 30.06.78, previu divórcio por consentimento mútuo, desde que, transcorridos seis meses de convivência, reconheçam os cônjuges o fracasso irremediável da união e estejam de acordo em se divorciar; introduziu a faculdade de obtenção de divórcio contra a vontade do cônjuge inocente ou menos culpado;[112] d) a lei sobre filiação, de 30.06.77, retirou da relação jurídica entre pais e filhos a concepção patriarcal, ca-

---

[107] Informa o prof. Steinauer que o legislador suíço aceitou não ser o filho ilegítimo responsável pelas circunstâncias de seu nascimento. O legislador afirmou que não é o filho ilegítimo que põe em perigo o casamento, mas sim a ligação ilegítima de seu pai e sua mãe. Também levou em conta os avanços científicos, capazes de permitir grau de convicção bem maior em torno da paternidade.

[108] Idem, p. 23 a 25, 29, 34 a 37.

[109] Idem, p. 50. O professor toca em assunto muito importante, pois até o pensamento marxista evoluiu para aceitar que a superestrutura influi sim na infra-estrutura. Assim, não é verdadeira a conhecida asserção de que leis não modificam fatos sociais. Uma lei, ainda que demore longuíssimo tempo, pode sim modificar condutas, desde que devida e intensamente divulgada.

[110] Idem, p. 61 e 62.

[111] Idem, p. 63.

[112] Idem, p. 67 e 68.

racterizada por uma relação de poder, passando a ver na família uma comunidade onde o primeiro objetivo é o bem-estar dos filhos;[113] aproximou a situação do filho natural, tanto quanto possível, daquela do filho legítimo.[114]

C) Bélgica: a) sucessivas leis, a começar pela de 30.04.58, terminaram com todas as desigualdades entre marido e mulher, culminando com a lei de 14.07.76;[115] b) é admitido divórcio por consentimento mútuo e, por lei de 1°.07.74, pela primeira vez a Bélgica conheceu o divórcio obtido por um só dos cônjuges sem demonstrar culpa do outro e mesmo contra a vontade deste;[116] c) desigualdades entre filhos legítimos e naturais, existentes na lei belga, foram consideradas, por julgamento de 13.06.79, como incompatíveis com os arts. 8° e 14° da Convenção Européia dos Direitos do Homem;[117] o Projeto n. 305, do governo belga, se pôs como favorável à eliminação de todas as discriminações entre as diversas categorias de filhos;[118] d) restrições persistiram quanto a adulterinos e incestuosos; no entanto, o prof. Rigaux argumenta que, apesar de o arresto de 13.06.79 ser concernente só ao ilegítimo natural, não há por que deixar de abranger as outras espécies de filhos ilegítimos, e, por outro lado, o Projeto n. 305 impede o tratamento desigual quando se fulcra na verdade biológica e declara todas as filiações assim estabelecidas como apresentando os mesmos efeitos;[119] e) lei de 21.03.79 prestigiou a adoção, pondo-a a serviço do adotado, criando ainda a legitimação por adoção.[120]

D) Holanda: a) o prof. Fokkema principia seu artigo versando fatores sociais condicionantes das alterações familiares, como o declínio da autoridade patriarcal, a emancipação das mulheres e dos jovens. Escreve a respeito de aspectos religiosos de inegável influência no caso holandês;[121] b) o professor da Universidade de Leyden traça o evoluir da instituição do casamento, que viu reduzido seu monopólio de respeitabilidade, com os últimos três decênios presenciando radical mudança em um quadro totalmen-

---

[113] Idem, p. 74.

[114] Idem, p. 79.

[115] Idem, p. 89.

[116] Idem, p. 90 e 91.

[117] A propósito, oportuno alertar (pareceria óbvio, mas não é bem assim, como se apura no dia-a-dia forense) que o Brasil é signatário de convenções internacionais aprovadas pelo Poder Legislativo, com o que adquirem força de lei, com nível igual ao de nossas leis ordinárias. É comum tais convenções não serem lembradas pelos que trabalham com o direito de família em nosso país.

[118] Idem, p. 109 e 110.

[119] Idem, p. 111 e 112.

[120] Idem, p. 92 e 112.

[121] Idem, p. 123 a 129.

Estudos de DIREITO DE FAMÍLIA

te adverso às relações sexuais fora do casamento e à homossexualidade;[122] c) por lei de 1°.10.71, passou a ser admitido divórcio não mais como sanção para uma falta praticada por um dos cônjuges, e sim como remédio ao mal da desunião durável; é lícito o divórcio consensual;[123] d) no plano dos direitos e deveres dos esposos, a lei holandesa ainda deixou a desejar, como comenta o professor, pois os textos legais em vigor foram elaborados, na maior parte, nos anos cinqüenta; mesmo assim, a 'lex van Oven', de 1956-57, aboliu a incapacidade da mulher casada e suprimiu o seu dever de obediência, de resto letra morta, ao ponto de ser considerado ridículo;[124] e) no campo das relações patrimoniais, o prof. van Oven providenciou uma reforma legal combinando a plena capacidade da mulher casada com a comunhão universal, sob gestão do marido e da mulher, sem discriminações.[125]

No respeitante à Inglaterra, o prof. P. M. Bromley, da Faculdade de Direito da Universidade de Manchester, expôs as principais mudanças no direito de família inglês.[126] Principia ressaltando a configuração de enormes alterações nos últimos 150 anos, bem diferentemente do período de 1600 a 1800, quando escassas foram as alterações. Disserta ele como: a) a mulher casada passou a ser, com o esposo, a chefe da família, com inteira igualdade de direitos e deveres; b) o divórcio passou a ser decretável mesmo sem cogitação sobre culpa de qualquer dos cônjuges e pode advir após uma separação de dois anos, se há anuência dos cônjuges; c) a legislação evoluiu no sentido de muito se preocupar em proteger os menores; d) a lei e os tribunais afastaram, progressivamente, as restrições ao concubinato e à filiação natural; e) os tribunais ampliaram muito sua atuação sobre a família. Bromley resume dizendo que todos estes movimentos exprimem um sentimento comum: *"Ils traduisent la préoccupation dassurer lépanouissement de lindividu et son bonheur, ainsi que le désir de proteger les membres les plus faibles de la societé, que leur faiblesse soit d'origine physique ou économique"*.[127] Em outro techo da obra, Bromley fornece novos subídios, desta vez sobre o prestígio crescente da adoção.[128]

Falemos um pouco dos Estados Unidos. Doris Jonas Freed e Henry H. Foster[129] explicitaram que: a) todos os Estados americanos, exceto

---

[122] Idem, p. 131 e 132.

[123] Idem, p. 137 e 138.

[124] Idem, p. 145.

[125] Idem, p. 149.

[126] Idem, p. 9 a 17.

[127] Idem, p. 17.

[128] Idem, p. 125 e 127.

[129] Family law in the fifty states: an overview, artigo publicado em *Family Law Quaterly*, 1984, XVII/356 a 447, n. 4.

South Dakota, têm alguma forma de divórcio não fundado em culpa,[130] sendo que "*it has been reported in 10 Family Law Reporter, at p. 1.111, that SB 189, P. A. 83-954, amending Section 401 of the Illinois Marriage and Dissolution of Marriage Act, hás been signed into law by the governor. The new law, effective July 1, 1984, permits dissolution of marriage after a six-month voluntary agreed to separation, and allows a contested divorce after a two-year separation if* 'irreconciliable differences have caused the irretrievable breakdown of the *marriage' and reconciliation attempts have failed or would be impracticable*";[131] b) crescente número de Estados norte-americanos reconhece, para efeitos de distribuição de propriedade dos bens e deveres de manutenção, as contribuições dos cônjuges no serviço doméstico, no cuidado dos filhos e no auxílio ao bem-estar da família; é a consideração das contribuições não-monetárias ao casamento;[132] c) em vários Estados a culpa não é levada em conta para efeitos de pensão alimentar;[133] d) regras específicas em torno da guarda dos filhos surgiram em muitas leis estaduais,[134] como é o caso de Michigan, no qual a lei manda se pondere o que há de melhor para os interesses do menor, destacando o aspecto do amor, da afeição e outras facetas emocionais;[135] aproximadamente trinta Estados dimensionam os desejos do menor, para resolver sobre sua custódia e a custódia conjunta, física ou legal, começou a ser implantada em inúmeros deles;[136] e) na maioria dos Estados, a lei impôs a obrigação alimentar, no tocante aos filhos, para ambos os pais;[137] f) as leis estaduais começaram a se preocupar com a garantia do direito de visitas por parte dos avós;[138] g) a jurisprudência e as leis vêm amparando, cada vez mais, os concubinos, pela aceitação de diversas doutrinas e teorias; basicamente, a *severance doctrine* passou a substituir a *illegal consideration doctrine*, passando pela inadmissibilidade do enriquecimento injustificado.[139]

Por fim, passo a expor um panorama sintético referente a vários países.

---

[130] Artigo cit., p. 373.

[131] Idem, p. 374.

[132] Idem, p. 381.

[133] Idem, p. 384 e 385.

[134] No interesse da estabilidade de situação do menor, crescente número de Estados vem adotando o Uniform Child Custody Jurisdiction Act (idem, p. 409).

[135] Idem, p. 415.

[136] Idem, p. 416 a 421.

[137] Idem, p. 421.

[138] Idem, p. 430.

[139] Idem, p. 438 a 447.

Estudos de DIREITO DE FAMÍLIA

Augusto César Belluscio[140] comentou que o absoluto poder marital só se mantém nos países árabes e em alguns países africanos, mas, em compensação, vários textos constitucionais estabelecem a igualdade entre os cônjuges, como sucede na Bolívia, Bulgária, Costa Rica, Cuba, El Salvador, Espanha, Guatemala, Japão, Panamá, Portugal, Albânia, Argélia, Congo, Costa do Marfim, Tchecoeslováquia, China, Gâmbia, Hungria, Índia, Iraque, Nepal, Paraguai, Polônia, Porto Rico, Romênia, União Soviética, Iugoslávia. Lembra que o art. 16, § 1º , da Declaração Universal dos Direitos Humanos, aprovada pela Assembléia Geral das Nações Unidas, em 10.12.48, prevê a igualdade de direitos durante e na dissolução do matrimônio.[141]

Álvaro Villaça de Azevedo,[142] em estudo sobre o concubinato, ofereceu informes de direito comparado: a) O Código Civil da Venezuela, já em 1942,[143] continha regra sobre comunhão patrimonial entre os concubinos;[144] b) o Anteprojeto de Código Civil Boliviano, de Angel Ossorio, regulou extensamente o concubinato, e isto em 1943;[145] c) a Constituição da Guatemala, de 1945, estabeleceu que deveria a lei determinar os casos nos quais a união entre pessoas seria equiparada ao matrimônio civil; em conseqüência, adveio a Lei n.º 444, em 1947, contendo o Estatuto das Uniões de Fato;[146] d) a Constituição do Panamá, em 1946, regulou a matéria concubinária, em seu art. 56, sendo que, pela Lei de 06.12.56, a norma constitucional foi objeto de regulamentação;[147] e) a Constituição cubana de 1940 previa o concubinato; o Código de Família cubano, de 1975, regulou a união livre, entendendo-a como "matrimônio não formalizado" e exigindo seu registro;[148] f) a Constituição de Honduras, de 1957, reconheceu o matrimônio de fato;[149] g) a legislação peruana trouxe alguns dispositivos sobre o concubinato, em seu Código Civil, havendo a Constituição de 1979, em seu art. 90, contemplado expressamente aquela modalidade de convivência;[150] h) o Código Civil mexicano, no ano de 1929, destinado ao Distrito e Territórios Federais, incluía a concubina na ordem

---

[140] *Derecho de familia.* T. II, Buenos Aires: Depalma, 1979, p. 292 a 296.

[141] Ob. cit., p. 296 e 297.

[142] *Do concubinato ao casamento de fato.* CEJUP, 1986.

[143] Veja-se o atraso com que o Brasil atualizou seu direito de família!

[144] Ob. cit., p. 29.

[145] Idem, p. 31 a 37.

[146] Idem, p. 37 a 40.

[147] Idem, p. 40 e 41.

[148] Idem, p. 41 a 43.

[149] Idem, p. 43.

[150] Idem, p. 43 a 45.

da vocação hereditária; em vários outros planos as leis daquele país ampararam os concubinos;[151] i) o Paraguai diligenciou em aperfeiçoar os mecanismos legais de ordenação da união concubinária;[152] j) Projeto de Lei colombiano, de n.º 48, de 1948, arrolou normas disciplinadoras da união de fato.[153]

Antonio Chaves,[154] dissertando sobre a importância humana e social da adoção, informa como este instituto, contrariando incompreensões e malquerenças, vem crescendo em alento, com plena florescência na Europa e sendo estimulado pelas autoridades norte-americanas. Foi aceito e regulamentado em Argentina (1948), Finlândia (1926), Quebec (1923 e 1925), Turquia (1962); teve reduzidas as exigências em Alemanha (1957), Bélgica (1958), Dinamarca (1956), Espanha (1958), França (1958), Grã-Bretanha (1958), Itália (1942); a Rússia, tendo-o suprimido em 1918, acabou por restabelecê-lo em 1926.

Enfim, por todo o mundo cresceu e frutificou o moderno direito de família, pela pressão popular, pelo trabalho legislativo, pelas reações doutrinárias e jurisprudenciais.

Falando em reações doutrinárias, há mais de 50 anos Arminjon, Nolde e Wolff censuraram como pouco humanas as disposições contrárias aos filhos adulterinos e incestuosos.[155]

As transformações no direito de família têm sido de tal porte que Luiz Fernando Clerigo,[156] em 1947, já concordava com Antonio Cicu, quando este assinalava o trânsito das normas sobre família do direito privado para o direito público. Acrescentou ele que talvez nenhuma instituição do chamado direito civil haja sofrido tão profunda evolução como a família.

A radicalidade das reformas neste campo adquiriu tal grau de universalidade a ponto de produzir uma análise em múltiplas facetas, pelos Archives de Philosophie du Droit.[157] Em artigo intitulado "Sur la paternité selon Gabriel Marcel", a professora Jeanne Parain-Vial ensinou como a família é lugar para aprendizado do amor e da liberdade.[158]

---

[151] Idem, p. 45 a 51.

[152] Idem, p. 51 a 55.

[153] Idem, p. 55 a 58.

[154] *Adoção, adoção simples e adoção plena.* 3ª ed. São Paulo: RT, 1983, p. 7.

[155] Ob. cit., T. I, p. 262.

[156] *El derecho de familia en la legislación comparada.* Mexico: Union Tipografica Editorial Hispano-Americana, 1947, p. 1.

[157] Éditions Sirey, 1975, t. 20, p. 1 a 162.

[158] Ob. cit., p. 162.

2.3. As linhas gerais da evolução

Com todas as falhas que costumam assolar as tentativas de compartimentar o agir humano e os correspondentes conhecimentos que o teorizam, arrisco-me a buscar critérios de sistematização das grandes modificações experimentadas pelo direito de família em nosso século.

No essencial, as modernas tendências podem ser sintetizadas nas três grandes características do direito de família atual, antes mencionadas: revalorização do aspecto afetivo, busca de autenticidade nas relações e preservação do interesse de crianças e adolescentes. Os nove planos fundamentais que sugiro a seguir, portanto, a rigor podem ser reduzidos a três, pois deste são resultado; apenas mantenho a divisão maior para melhor sistematização do pensamento. Com efeito, o fundamento no amor origina a paridade dos cônjuges, a proteção do concubinato, a maior facilidade para obter a separação judicial e o divórcio, a adequação do regime de bens aos verdadeiros significados do casamento, o crescimento de técnicas de procriações artificiais. A sinceridade nas relações familiares acarreta a igualdade na filiação e também influencia na paridade dos cônjuges.

Em nove planos fundamentais, como disse, sugiro se dividam as novas tendências. São diferentes áreas nas quais estas se revelam e se mostram. Podem ser assim apresentados: A) o amor como valor capaz de dar origem, sentido e sustentação ao casamento ou a uma união estável, assim como às uniões homossexuais e às filiações socioafetivas; daí decorre a prevalência da questão afetiva sobre a patrimonial, pelo que se fala na despatrimonialização do direito de família;[159] B) a completa paridade entre os cônjuges: C) igualdade dos filhos de qualquer natureza, incluídos os adotivos; D) reconhecimento e proteção do concubinato; E) novo conteúdo do pátrio poder (hoje denominado de poder familiar, pelo novo Código Civil brasileiro), quando importa é o interesse de crianças e adolescentes; F) menor dificuldade na obtenção do divórcio e maior facilidade para a separação judicial; G) adequação do regime de bens aos verdadeiros significados do casamento; H) atuação intensa do Estado sobre a família; I) influência dos avanços científicos e tecnológicos e da interdisciplinariedade e da transdisciplinariedade.

Passo à análise separada dos planos sugeridos:

A) A relevância do amor, do afeto, do ângulo emocional, da convivência respeitosa, da assistência recíproca, do prazer da companhia, do

---

[159] É triste assistir a uma repatrimonialização do direito de família pelos excessos cometidos no campo da união estável, que está sendo industrializada, e no caso das demasias nos pedidos de indenização por dano moral, assuntos que serão mais adiante estudados.

desvelo mútuo, sempre em detrimento da união forçada, artificial, hipócrita, doentia, conflitada, destruidora; eis um parâmetro essencial, alicerçante de quase todas as transformações na família e em sua normativização jurídica. Quer-se a autenticidade nas relações, e não a falsidade.

Como visto no capítulo anterior, o direito é objeto cultural. Todo objeto cultural tem, como uma das características, ser valioso. O amor é um valor jurídico, como ensina Sílvio de Macedo.[160] Não será no direito de família que deixará o valor jurídico do amor de merecer especial apreço. O significado, o sentido, a razão de ser, o valor de uma união entre duas ou mais pessoas é posto e subsiste pela afeição que as vincula. Corolários desta asserção consistem em repelir o despotismo masculino, em vislumbrar na família um grupo fundado na mútua afeição, mas do que pela autoridade marital ou de quem quer que seja, em reduzir os fatores organizacionais e hierárquicos na estrutura familiar; em fomentar a liberdade e igualdade nas interações familiares.

Por isto, exemplificativamente, não é concebível permaneça a comunhão de bens quando de há muito rompida a convivência conjugal. É privilegiar o patrimonial, em prejuízo do que realmente empresta sentido ao casamento e que já está rompido, roto e desaparecido. Outro caso: se presente o amor entre homossexuais, cabe dar um revestimento jurídico a esta relação. E mais: não pode ser desconhecida a realidade socioafetiva da filiação. Outra seqüela é concernente aos esforços para afastar as discussões de culpa do interior do direito de família, na medida em que a separação deve ser decorrência do desamor, e as disputas sobre culpa só fomentam ódios e rancores.

Caio Mário da Silva Pereira[161] preconiza: *"substituiu-se à organização autocrática uma orientação democrático-afetiva. O centro de sua constituição deslocou-se do princípio da autoridade para o da compreensão e do amor"*.

Mesmo supérfluo, a esta altura do século, é de recordar que a prevalência do amor não produz a ausência de adequada educação dos filhos, em nome de uma permissividade leviana e inconseqüente. Amor reclama responsabilidade, como insiste Erich Fromm.[162] Em contrapartida, também não interessa o amor dominador e absorvente, que não resguarda o ser do outro.[163]

---

[160] *Curso de Axiologia Jurídica*. Rio de Janeiro: Forense, 1986, p. 92 a 94.

[161] *Instituições de Direito Civil*. Vol. V, 4ª ed. Rio de Janeiro: Forense, 1981. p. 25.

[162] *Análise do homem*. 5ª ed. Rio de Janeiro: Zahar Editores, 1966, p. 92 a 96.

[163] Gerd A. Bornheim. *Dialética – teoria e práxis*. Porto Alegre: Globo; São Paulo: Editora da Universidade de São Paulo, 1977, p. 267 a 271, tratando sobre a diferença ontológica e a ética, explica como a liberdade é compromisso ou não é nada. Compromisso com o ser de cada ente, e, em especial, com o ser do outro. Fazer do outro objeto de uso é já não poder estar compromissado com aquilo que ele é. O mais grave é que, quando alieno o ser do outro, alieno a mim mesmo naquilo que sou, a

Estudos de DIREITO DE FAMÍLIA

Não se trata de uma ingênua visão romântica e melodramática, estilo dramalhão e livrinhos água-com-açúcar, pois se está encarando o amor como um fenômeno psicológico como tantos outros, às vezes até com componentes sadomasoquistas. Importa é a existência de um liame psicológico que faz com que as pessoas prefiram estar juntas do que não estar.

B) O princípio da completa paridade entre os cônjuges e companheiros é óbvio corolário da afirmação de que o amor passou a ser a *ratio* do casamento. Estabelecida esta premissa, incompreensível a disparidade de direitos e deveres, a posição de inferioridade da mulher, a sua condição de subserviência e subordinação. O respeito integral pelo ser humano, em nível familiar, não se coaduna com relações de dominação. Esta só obtém a quebra da veracidade e sinceridade sentimentais, artificializando os vínculos. A cada cônjuge cabe adquirir o respeito e o afeto do outro não através de regras jurídicas impositivas da prepotência, mas por meio de um comportamento que se torne digno de produzir aquelas reações positivas.

Carlos Celso Orcesi da Costa[164] argumenta que "*se um dos cônjuges detiver, juridicamente, mais poder que o outro, a tendência nítida que se descortina consiste no fato de aquele abusar de seu poder, e de este conformar-se ou aceitar o abuso. O vácuo progressivo entre os extremos pode ocasionar ou uma submissão quase completa ou uma súbita explosão de sentimentos reprimidos, que conduz, por tardia, o casamento ao seu termo. Em ambos os casos, nada pior. Esta é a racionalidade que merece a chancela do atual direito positivo. A regra geral, portanto, não há de ser uma 'racionalidade' abstratamente escolhida, nem possivelmente a força, a potência, mas o fato variável, a consciente influência, ação ou omissão positiva, o entendimento harmônico, muitas vezes baseado nos usos e costumes sociais, mas não imperativo. Que cada um exerça sua personalidade, sua aptidão, possivelmente até sua maior autoridade num outro âmbito. Até aí chegamos, na medida em que descremos da harmonia perfeita, da vida sem discordância, das discussões que muitas vezes podem trazer à tona demonstrações de força. Isso é real. O inadmissível para a ciência do direito é que subsista a força jurídica. Aceitável é a força racional de persuasão, de aptidão, de sentimento. Ao argumento de racionalidade some-se uma razão prática: o poder marital, ou de direção, é inteiramente supérfluo, desnecessário. Isso porque o fato social prevalece, na intimidade do relacionamento conjugal, por sobre a regra jurídica. Nem se diga que o argumento serviria para que se aceitasse o poder*

---

liberdade é falsificada. "Pois a diferença ontológica quer dizer justamente isto: ela é o modo como a existência humana permanece aberta ao ser do ente, e por isso é também a condição de possibilidade de compromisso com o ser do outro".

[164] *Tratado do Casamento e do Divórcio*. Vol. 1°, São Paulo: Saraiva, 1987, p. 398.

marital, que seria, afinal, ineficaz. Obviamente que semelhante argumentação seria, data vênia, cínica. O que é incompatível, basicamente, é o exercício da autoridade com base na regra jurídica. O marido pode não exercer tal chefia, mas, se a exercer, encontra-se amparado pela norma".

Na medida em que as relações entre os cônjuges se fundamentarem no diálogo racional, no convencimento argumentativo, no debate dialético das idéias, na exposição sincera das emoções, na comunicação livre de coercitividade, no agir fundamentado e não-arbitrário, a família terá real solidez e, o que é muito importante, produzirá ou reproduzirá, em seu interior, as condições únicas para uma estruturação social mais igualitária, mais justa e de maior acatamento à dignidade humana. A prepotência, que não cabe ao direito legitimar, acarreta o descaso por necessidades e problemas do próximo, a saída fácil e irresponsável da palavra autoritária definitiva, a opressão, que fermenta a violência, o desrespeito às idiossincrasias alheias, o egocentrismo e a patologia psíquica. A relação autoritária destrói os vínculos de afeição, desde logo contaminando os filhos, com a vivência de situações mórbidas; através dela até subsiste, muitas vezes, a convivência, mas pela maneira artificial, forçada, inautêntica e doentia. A guerra familiar repete e fomenta as guerras entre os povos e as coletividades.

Quem não respeita o próximo na relação familiar atuará da mesma forma na relação social em geral.

De há muito atinei com linha de argumentação que me tornou defensor intransigente da absoluta igualdade jurídica entre homem e mulher. É que o ser humano padece do defeito consistente em uma tendência de humilhar e maltratar aqueles que considera inferiores. É o pai que oprime o filho, o patrão que pisoteia o empregado, e assim por diante. Ora, a existência de uma pretensa superioridade jurídica masculina colabora em muito para que o homem, vendo a mulher como ser inferior, sinta-se incentivado a sobre ela exercer a violência nas mais variadas modalidades. Assim, com todo o respeito, os que defendem a desigualdade acabam sendo como que cúmplices das agressões morais e físicas, e dos assassinatos, de que sofrem as mulheres! O próprio pensamento marxista hoje admite que a superestrutura também influi sobre a infra-estrutura; não é verdade que a lei não possa, ainda que a longuíssimo prazo, modificar condutas. Se o homem assimilar a igualdade jurídica entre ele e a mulher, através da divulgação permanente e incessante desta paridade, terminará por pensar duas vezes antes de praticar atos de agressão de toda a ordem.

C) A igualdade na filiação é princípio de profundo sentido humano e eficaz remédio no combate à hipocrisia nos liames familiares e sociais.

O preconceito nesta matéria sempre foi de tal porte que até conduziu à interpretações equivocadas da legislação canônica, como bem evidenciou Lino de Morais Leme.[165]

Caio Mário da Silva Pereira[166] indica a preocupação com a defesa da infância como um dos aspectos sociais característicos de nossa época e insere nela a tendência à equiparação dos ilegítimos aos legítimos, não vendo como possa este movimento solapar as bases da família constituída pelo casamento. Em síntese, ensina o Professor que: a) o mau tratamento infligido ao filho ilegítimo não pode fortalecer a família legítima; b) é de péssima justiça impor castigo a alguém pela falta de outrem, mais ainda quando o culpado fica tranqüilo, e a vítima é quem vem a ser atingida; c) não deve ser protegida a família legalmente constituída através de meios ruins; d) mantida a disparidade de tratamento, o filho ilegítimo será um paria social, integrante de classe inferior; e) punir o filho ilegítimo, visando a que não venham outros adultos colocar no mundo filhos nas mesmas condições, é punir o inocente para exemplo de outros culpados, os quais não serão também punidos; f) os direitos dos ilegítimos não desprestigiam o casamento, porque continua a sociedade a assentar-se sobre esta base; g) reconhecendo equiparação ao legítimo, a sociedade tratará os ilegítimos com maior justiça, ou seja, estará tratando com justiça elementos que a compõem, mesmo porque o trato desigual no passado não resultou em um direito organizado sobre moral mais sólida: a propósito, arremata ressaltando que não se consegue, a golpes de leis, moldar a moral de um povo.

Consagrar a igualdade na filiação é inculcar responsabilidade social. Saberão os que pretendem manter relações extraconjugais que responderão por suas iniciativas, em diversos planos, em vez de se ocultarem atrás de pautas normativas discriminatórias aos filhos ilegítimos. É uma maneira de se "coartar a crescente irresponsabilidade masculina por séculos acobertada", no dizer do Des. Cristovam Daiello Moreira.[167] Ensina-se à comunidade a responsabilidade para com o próximo, passo obrigatório no objetivo de convencer o homem de sua imersão permanente em um mundo

---

[165] *Direito Civil Comparado*. São Paulo: RT, 1962, p. 259. Explica o jurista a falha exegética no tocante à Decretal do Papa Alexandre III, do ano de 1172, ao abordar a questão da legitimação dos filhos adulterinos e incestuosos: "É verdade ter o Papa dito que se não legitimava o filho adulterino do homem que maquinara contra a vida da mulher, aí não se podia considerar boa-fé. Portanto, com essa exclusão, pelo direito canônico os filhos eram legitimados. Mais tarde, em 1744, O Papa Bento XIV sustentou que os filhos adulterinos não podiam ser legitimados por subseqüente matrimônio. O Papa Inocêncio III, porém, conferiu legitimação a adulterinos, filhos de Felipe Augusto; desde então, pelo direito canônico se reconheceu o direito de legitimar os filhos incestuosos e adulterinos". Acrescenta o comparatista que deveria ser o direito canônico a reger a matéria no Brasil, em tempos precedentes, dado que o decreto imperial de 3.11.1827 mandava observar em nosso país os cânones do Concílio Tridentino e a Constituição do Arcebispado da Bahia.

[166] *Reconhecimento de paternidade e seus efeitos*. Rio de Janeiro: Forense, 1977, p. 211 a 215.

[167] RJTJRGS 88/245.

ético, pleno de reações e interações recíprocas, do qual não consegue se afastar o ser humano, por mais esforço que faça. A conscientização do perene mergulho ético é trilha segura na tentativa – para alguns já desesperada – de melhoria da humanidade. A lei não pode insistir em ignorar as realidades humanas. É triste exemplo educativo a orientação de não olhar de frente os problemas individuais e coletivos, esforçando-se em varrê-los, por "feios", para recantos menos visíveis. Esta conduta só pode provocar uma falsa moral, desde há muito repelida pelos jovens.

A igualdade deve voltar-se também aos filhos adotivos. A adoção faz-se baseada em laços afetivos poderosos e insere o adotado na vida familiar, integrando-o plenamente. Significa a demonstração pensada a consciente do amor. Quantas vezes o filho biológico, infelizmente, não é desejado (que o diga o enorme número de abortos). É problema que não se dá no referente ao adotivo. Quantos parentes, mesmo nos graus mais próximos, mantêm distância e nutrem ódios recíprocos. Não é vínculo consangüíneo, por si só, que deve ser levado em conta, mas a realidade da afeição, da convivência, da assistência, da amizade, da simpatia e da empatia. Dentro deste enfoque, fácil perceber a injustiça da discriminação ao adotado. É cruel pô-lo de lado, quando já absorvido ao grupamento familiar e iludido pela aparente condição de verdadeiro filho. Em outro trecho deste livro direi que interessa à sociedade não apenas a adoção de crianças e adolescentes – como pode parecer em análise superficial, mas também a de adultos, pois esta amplia a noção de família, ajudando a reduzir a ditadura do fator biológico e contribuindo para o aumento da solidariedade social.

D) De forma crescente, o concubinato vem sendo admitido e amparado pelas legislações modernas.

Como pondera Edgard de Moura Bittencourt,[168] a posição do jurista é a de *"apurar a conjuntura humana, porque nem sempre a natureza está disposta a obedecer à lei dos homens; pesquisar as conseqüências econômicas; usar os princípios racionais de uma moral, nem de tal forma superior que torne o direito obra ilusória ou cruel, nem tão inferior que se descambe na desagregação da família; enfim, dar às soluções o caráter de justa adequação à finalidade do direito. Então, o fenômeno da união livre encontrará no jurista o seu mais autorizado crítico"* Prossegue ele: *"preservar a instituição do casamento ... não significa ignorar o fenômeno da união livre, na qual há multidões de mulheres e crianças inocentes, que também merecem a proteção do estado. E por isso, também aqui, é necessário repetir a sábia advertência do Supremo Tribunal Federal: '(...)*

---

[168] *Concubinato.* São Paulo: Universitária de Direito, 1975, p. 35.

Estudos de DIREITO DE FAMÍLIA

temos que adaptar nossa jurisprudência ao mundo em que vivemos'". Não admite o jurista se lancem ao sacrifício, em nome da censura ao concubinato, pessoas sem culpa ou de culpa já purgada.[169] Citando Aguiar Dias, proclama que *"imoral o concubinato não é, em si mesmo. A imoralidade tanto pode existir no concubinato como no casamento"*.[170]

Álvaro Villaça Azevedo,[171] abordando o sistema boliviano, traz opinião de Angel Ossorio, autor do Anteprojeto de CC boliviano. Preocupado com a concepção de alguns, que viam escândalo no fato de se elevar a união concubinária à categoria de instituição jurídica, Ossorio discorda haja imoralidade ou incongruência e reflete: *"o fenômeno aumenta dia a dia. O que fazer ante essa realidade inegável? Perseguir os concubinos? Não creio que isto possa ocorrer a alguém, a não ser aos que sonham com restaurar a Inquisição. Desconsiderar-se o fenômeno e abandonar, à sua sorte, os concubinos e seus filhos? Isto é desamparar a uns e outros, criando situações de injustiça e de miséria e desconsiderar também os terceiros que se tenham relacionado com os pseudocônjuges, crendo-os ligados por matrimônio verdadeiro. Melhor será tomar as coisas como são e acabar com o concubinato anárquico para criar o concubinato jurídico"*.

O concubinato é realidade fático-social e objeto de valoração positiva por milhões de pessoas. Se o direito é a tríade indecomponível de fato, valor e norma, como expõe Miguel Reale em sua teoria tridimensional, a força dos fatos e o peso das apreciações axiológicas não podem ser postos de lado, senão que assumidos pelo mundo jurídico, sob pena de se avolumar o distanciamento entre a sociedade e as normas jurídicas. Reconheço que pode o direito influir, dialeticamente, como antes expus, na vida social, não se tratando só de uma causa. Pode ser instrumento valiosíssimo de transformação de estruturas anquilosadas e iníquas. Não se deve ignorar a pressão dos fatos sociais, mais ainda quando esta passa a ser perceptível por qualquer um que se disponha a olhar e escutar ao seu redor. Em um concubinato pode haver muito mais amor e autenticidade do que em um casamento. E os filhos do concubinato, que culpa têm eles da situação dos pais?

E) O pátrio poder (poder familiar, pelo novo Código Civil brasileiro), é cediço, teve seu conteúdo visceralmente modificado através da história. O próprio nome do instituto não reflete mais seu significado. O pátrio poder ou poder familiar é, mais do que um poder, um complexo de deveres dos pais em relação aos filhos, colimando conquistem estes uma boa

---

[169] Ob. cit., p. 40.

[170] Ob. cit., p. 56.

[171] Ob. cit., p. 31.

formação intelectual e moral, dentro da maior higidez somática e psíquica. Não mais importa o interesse dos pais, mas sim o interesse dos filhos. Tanto que, em caso de separação dos pais, a guarda do menor é equacionada em função do que lhe convém, abstraído o desejo dos pais, que, por sinal, seguidamente utilizam os menores como instrumento de hostilização mútua.

J. V. Castelo Branco Rocha[172] assinala que foi *"profunda a modificação pela qual passou a potestade paterna, no curso de seu evolver histórico, estando hoje convertida em função protetora e tutelar, visando exclusivamente aos interesses dos incapazes"*. Esse autor já sugeria que fosse substituída a expressão *pátrio poder* por outra mais compatível com a modernidade, como *autoridade parental*, para Cunha Gonçalves; *poder de proteção*, para Colin e Capitant; *função paternal*, para Juan Carlos Rebora.

Novos instrumentos, utilizados em outros países, começaram a ser prestigiados no Brasil, para favorecimento das crianças e dos adolescentes, como é o caso da guarda compartilhada.

F) Facilitar a obtenção do divórcio é aceitar que só tem sentido e veracidade a união entre duas pessoas enquanto impregnada de amor e respeito. Nada mais coerente, razoável e justo. Manter uniões forçadas é incentivar e cultivar a destruição mental e moral do ser humano. Os atuais conhecimentos psicológicos e psiquiátricos não deixam dúvida de que é muito mais nociva a um menor a permanência em companhia de pais em constante conflito do que o trauma que venha a padecer em face de uma separação dos mesmos. Não há psiquismo infantil capaz de resistir à angústia, ansiedade, tensão do incessante aguardo de novo confronto entre os pais, freqüentemente desenvolvido por meios físicos violentos. Combater o divórcio é estimular as uniões destituídas da chancela do casamento, pois as pessoas, com ou sem divórcio, jamais deixarão de reconstituir vida amorosa, tendência radicada em impulsos naturais do ser humano. Se pessoas não se separarem ou divorciarem, será por respeitáveis motivos de convicção religiosa. Quem não tiver esta fé, irá desfazer a união conjugal, nem que faticamente, se não contar com outro caminho. Desagregações familiares nunca serão evitadas pela proibição do divórcio, afirmação primária em termos de ciência sociológica e antropológica. Nem a existência do divórcio colabora para aquela desagregação, na medida em que esta advém de forças sociais e morais estranhas ao ordenamento jurídico; ninguém irá ao divórcio por diversão, só para experimentá-lo e porque ele consta da legislação... De nada adiantaria uma pretensa "facilidade" trazi-

---

[172] *O pátrio poder*. 2ª ed. São Paulo: Universitária de Direito, 1978, p. 35.

da pelo divórcio, se o problema reside, em realidade, nas obrigações de sustento da família anterior e nas divisões de patrimônio com cada sucessivo cônjuge! A discussão sobre existir ou não divórcio é incompreensível e esquisita, pois se dá em um nível absolutamente estranho à realidade social esmagadora, de resto, por sua vez, alheia àqueles debates bizantinos.

Yussef Said Cahali,[173] examinando a decomposição e ruptura do liame conjugal, cita Lehmann (*Derecho de família*, p. 236): *"pierde el matrimonio su valor como fundamiento de la familia, la comunidad de vida de los cónyuges ha quedado insubsanablemente perturbada. Será entonces una célula enferma Del organismo social que perturba a la comunidad o, al menos, carece para ella de valor"*. Invocando Carlos Sampaio (*Do divórcio*, n. 1, p.5), concorda em que a patologia nas relações conjugais é perniciosa à sociedade e se deve restabelecer o equilíbrio, com a dissolução do conúbio, restituindo-se a integridade jurídica dos cônjuges e mantendo-se a ordem econômica e social. Também é Carlos Sampaio quem afirma que não é a lei que faz o divórcio, mas sim a quebra de comunhão de sentimentos ou de interesses. Cahali reconhece que *"rompidos os anelos da vida comum como degeneração próprio dos matrimônios mal constituídos, o legislador não pode quedar-se indiferente às suas conseqüências, devendo cumprir a sua missão de buscar fórmulas que melhor realizem a sorte e a felicidade de seus jurisdicionados"*. Registra ele que a introdução do divórcio não se revelou funesta, nem representou uma causa a mais de agravamento da crise da família.

G) Outro progresso do direito de família contemporâneo reside em ajustar e harmonizar os regimes de bens ao fim maior da ligação conjugal, ou seja, ao cuidado e aprimoramento de relações sinceras e emocionalmente concatenadas.

Correta, portanto, a inclinação de elidir o regime da comunhão universal como o regime legal. Primária a razão: tentar coibir os casamentos ditados por interesses econômico-financeiros. Escrevi "tentar", pois descabe a ingenuidade de imaginar que para muitos não valha a pena casar com pessoas ricas, mesmo sem amor, pois isto propicia uma vida muito mais confortável. Apenas é uma maneira de buscar diminuir a influência dos fatores patrimoniais.

Certa, em contraposição, a tendência à comunhão dos aqüestos. Os bens adquiridos na constância do casamento, durante uma relação que se presume amorosa e verdadeira, quando ambos os cônjuges tudo dão de si para o crescimento moral e patrimonial do conjunto familiar, devem pertencer a ambos. À comunhão afetiva corresponderá a comunhão patrimo-

---

[173] *Divórcio e separação*. 10ª ed. São Paulo: RT, 2002, p. 20 a 23.

nial. Por isto é saudável a quebra do princípio da imutabilidade do regime matrimonial, desde que preservados os direitos de terceiros que tenham negociado com o casal antes da modificação. Se se alterou o vínculo de afeição, elemento essencial e fundamental do casamento, é adequado que se mude o secundário e acessório, que é o regime de bens.

Lamentável, a propósito, permanecesse, como aconteceu por muito tempo, resistência em admitir afastamento da regra da comunhão após consolidada separação de fato. Se o essencial desapareceu, ou seja, o amor, o respeito, a vida em comum, o mútuo auxílio, que sentido de justiça há em privilegiar o secundário, que é o prisma puramente financeiro, econômico, patrimonial, material, econômico?

H) Multiplica-se a atuação do Estado sobre a família. É fato consumado, a ser visto com cautela em seus desdobramentos.

O papel estatal surge na manutenção de creches, no crescimento da previdência social (auxílio-natalidade, auxílio-doença, salário-família, etc.), no sistema de pensões, nas atividades de lazer organizado, no aumento da ingerência e poderes dos juízes sobre o grupo familiar, além de outras modalidades.

A tendência, por exemplo, de igualdade dos cônjuges, atribuirá ao juiz uma função relevantíssima e intensa perante a família, pois o transformará no árbitro permanente das dissensões entre os casais.

O agir do Estado pode produzir benefícios à família, protegendo-a, amparando-a, ajudando-a em suas funções primárias, mantendo seu equilíbrio, trazendo-lhe meios de melhor alimentar e educar os filhos, e assim por diante.

Porém, se recomendei precaução nesta tendência é porque a força do Estado não pode ser de molde a alienar as responsabilidades dos componentes da família, tolher-lhes liberdades básicas, coisificá-los ou robotizá-los, pondo em risco o próprio poder originário do povo. A população e a família precisam controlar e fiscalizar o Estado na proporção em que este amplia seus poderes e área de atuação. Comparativamente, nos países do denominado terceiro mundo a ação do Estado pode ser decisiva na quebra de estruturas perpetuadoras da miséria, da fome, da desnutrição e do retardamento físico e mental do povo, sem que, com isto, este mesmo povo abdique de sua soberania e capacidade de reação sobre a cúpula.[174]

---

[174] Roberto Lyra Filho, em *O que é direito*. 2ª ed. Editora Brasiliense, 1982, p. 106 e 107, citando Boaventura de Souza Santos, empresta relevo à importância de um pluralismo jurídico capaz de implicar a negação do monopólio radical de produção e circulação do direito pelo Estado moderno. Os fantasmas de Aldous Huxley – *Admirável mundo novo* – e de George Orwell – *1984* – dificilmente não serão sempre recordados nestes momentos. Nem foi por outra razão que Ernst Bloch (*Derecho natural y dignidad humana*. Madrid: Aguilar s a de ediciones, 1980) se preocupou em tentar conciliar o combate à pobreza com o resguardo da dignidade do ser humano, em seu mais amplo conceito.

Estudos de DIREITO DE FAMÍLIA

I) A ciência e a tecnologia colocam diante do jurista novos conhecimentos e práticas que em muito colaboram com as procriações artificiais, com alterações sociopsicológicas e jurídicas na determinação do sexo, com a pesquisa probatória e com a avaliação dos fatos submetidos ao exame do profissional do direito.

As procriações artificiais, finalmente contempladas no novo Código Civil brasileiro (art. 1.597, incisos III, IV e V), estão se desenvolvendo dia a dia no plano técnico-científico. São importantíssimas para aqueles que mais se fixam no aspecto biológico das relações parentais (em detrimento da adoção), mesclando-o, inseparavelmente, com a faceta afetiva. Nosso país, até há pouco bastante ausente deste debate no plano jurídico, começa a conhecer obras significativas sobre o tema, como veremos no capítulo seguinte.

A doutrina e os tribunais, com as inevitáveis resistências, principiaram a aceitar a possibilidade de alteração de sexo, em termos jurídicos,[175] a fim de que haja uma harmonia entre o jurídico e o social, entre o jurídico e o psicológico. Atenta-se para a busca da felicidade do ser humano, corrigindo um desequilíbrio de identidade que pode ter resultados os mais perigosos (depressão, suicídio).

No campo da pesquisa fático-probatória, basta ver a relevância dos exame de DNA nas ações de investigação de paternidade[176] e a evolução dos conhecimentos psiquiátricos, decisivos nas interdições.

Michel Foucault, elaborando sua tese microfísica do poder (a – *Microfísica do poder*. 3ª ed.Rio de Janeiro: Graal, 1982. b – *Vigiar e punir*. 3ª ed. Petrópolis: Vozes, 1984) expôs os mecanismos de controle social, em exaustivo alerta sobre as mais diferentes formas de cadeias de dominação; sobre estas deve ser exercida a crítica e reflexão permanentes, perquirindo se bem utilizadas ou não pelos seus manipuladores. O Estado pode ser agente do que há de negativo na ideologia da sociedade industrial, dissecada por Herbert Marcuse em sua obra famosa (*Ideologia da sociedade industrial*. Rio de Janeiro: Zahar Editores, 1967). Sobre o tema merece leitura Enrique Dussel. *Filosofia da libertação na América Latina*. São Paulo e Piracicaba: Edições Loyola e Editora UNIMEP, sem data, salvo da edição mexicana, de 1977. Oportuno ressalvar qualquer confusão entre estes pensamentos e certo tipo de ataque empresarial ao Estado, quando, sob pretexto de ineficiência de atividades estatais e defesa da livre iniciativa, poderosos interesses do capital, nacional e internacional, tentam expulsar o Estado de sua posição de defesa dos mais fracos e de proteção às riquezas nacionais; esdrúxula, por sinal, a postura destes empresários, sempre agarrados ao Estado nos instantes de crise...

[175] A ressalva da expressão "em termos jurídicos" diz com a finalidade de contornar a objeção a tais modificações feitas por aqueles que situam o sexo como não-modificável, pois que determinado geneticamente, e que é o argumento utilizado pelos acórdãos que rejeitam a transformação. A mudança opera no plano jurídico, além do que atende a uma adequação social e psicológica.

[176] Este exame reveste-se de importância decisiva no novo Código Civil brasileiro, como se percebe pelos seus arts. 231 e 232. Apenas se exige a cautela de não sacralizar tais exames, como se fossem infalíveis; para pejo dos juristas, o alerta a respeito partiu de pessoas fora da área jurídica: a) Anete Trachtenberg: O poder e as limitações dos testes sangüíneos na determinação de paternidade, artigo publicado em *Revista AJURIS*, Porto Alegre, 1995, 63/324; b) Alfredo Gilberto Boeira: O perfil de DNA como prova judicial – uma revisão crítica, artigo publicado em *RT* 714/290.

As avaliações dos quadros fáticos submetidos à apreciação dos lidadores do direito conta com subsídios valiosos a partir de matérias como a sociologia, a psiquiatria, a psicologia, a antropologia, o serviço social.

Agiganta-se, no direito de família, a vetusta parêmia de que quem só sabe direito não sabe direito.

Intolerável é que quaisquer condutas desta espécie sejam importadas para o direito sem o filtro severo do resguardo da dignidade humana. Qualquer mercantilização ou monetização precisa ser repelida. Nunca esquecerei artigo que discutia a natureza jurídica do contrato celebrado no caso de cessão de útero ou de mãe de substituição (sequer pode ser empregada a expressão repugnante "mãe de aluguel"), procurando apurar se se tratava de locação de coisa ou locação de serviços! Também é contra a dignidade humana (art. 1°, inciso III, da Constituição Federal) a cognominada "produção independente", na qual uma mulher se insemina mantendo oculto o doador do sêmen, o que produz o indecente resultado de um ser humano nascer sem possibilidade de conhecer suas raízes, sua genealogia, sua ascendência, o que viola direito de personalidade, além de causar graves problemas em transplantes de órgãos, em impedimentos para casamento.

Novamente, como ao se estudar a ingerência estatal na família, todos, sem caírem no reacionarismo anticientífico estéril, devem estar atentos aos perigos da manipulação e controle do homem e ao ressurgimento de um racismo em novas bases. A inseminação artificial é importantíssima no auxílio aos casais sem filhos e impossibilitados de tê-los normalmente. A mudança de sexo pode influir na recuperação psicológica de um ser humano para a vida. Em contrapartida, a esterilização pode destruir a personalidade; a eugenia seria arma terrível nas mãos de pessoas dispostas a planejar e dirigir uma humanidade dócil e submissa, e, segundo elas, devidamente purificada, ao bom estilo nazi-fascista. Avulta, como contrapeso imprescindível, mais uma vez, o acompanhamento atento pelo povo, que se quer participativo na tomada de todas as decisões relevantes que lhe digam respeito, além do que, depois, fiscalizará, a cada passo, a execução do decidido coletivamente.

2.4. Conclusões

Como todo o fenômeno humano, a realidade familiar só admite enfoque dialético em sua compreensão, com o que suas alterações estruturais e funcionais são perceptíveis, no que diz com a causa, em todo um complexo de motivações de diferentes naturezas, todas interagindo entre si e todas sobre a família, sem que esta, por sua vez, deixe de igualmente sobre elas influenciar.

São ambos os pais forçados a trabalhar fora do lar, da mesma forma que os filhos, visando a aumentar a renda familiar, em decorrência das crises econômico-financeiras do capitalismo e da absoluta miséria que assola grandes massas. É a pobreza produzindo a tensão no ambiente familiar, a violência, o alcoolismo, a saída para as ruas dos menores, desde a mais tenra idade, a vida sem perspectivas de realização, o esmagamento de todas as potencialidades humanas. É a necessidade de crescimento do grupo familiar, quando abalado pela carência material, como forma de reforço nos ingressos monetários. É a fragmentação da solidez moral vitoriana, em um mundo no qual as estruturas de referência desabam, sob uma crítica científica e filosófica implacáveis no desmascaramento dos mitos, das superstições, das ilusões e das certezas, buscando a construção de um mundo novo, alicerçado no conhecimento não deturpado das qualidades e limitações do homem. É a velocidade fantástica das mudanças em todos os setores da vida, terminando com a placidez das convicções não erigidas sobre o aprofundamento analítico. É, no campo da ciência, em especial, o desvelamento psicanalítico das opressões e pressões familiares. É a tendência de todos os seres humanos a, pelo caminho da liberdade, atingirem o bem-estar, a igualdade, o respeito incondicional à dignidade, a realização de seus potenciais, alertados que foram, pela ciência, pela filosofia e pela arte, dos mecanismos destinados a deixá-los em um plano de inferioridade. É o choque das lutas políticas, voltadas à organização de uma sociedade justa, igualitária e democrática, mas, concomitantemente, perturbada pela erupção de fanatismos regressivos e ditatoriais. É o desenvolvimento notável dos meios de comunicação, com divulgação mundial imediata de qualquer acontecimento de algum relevo e trazendo para dentro dos lares todas as idéias e atitudes. É a assunção de novos valores pela juventude. É a revolução no campo da arte, abrindo uma infinita liberdade criadora, não mais contida por cânones uniformizadores. É a transformação do sexo em discurso permanente e detalhado. É a ânsia de saber e descobrir mais, aberto que está o homem ao universo. São as minorias, étnicas ou sexuais, não mais aceitando uma posição de parias na coletividade, além de assumirem suas condições peculiares. E assim por diante, todos os leitores estão aptos a enumerar causas e causas da revolução familiar, desde as mais singelas e superficiais até as mais profundas e obscuras.

Tão importante como identificar as causas das tendências e transformações é saber aceitá-las como irreversíveis na marcha da humanidade e saber sobre elas raciocinar, argumentar, equacionar problemas, apontar rumos e sugerir soluções, atenuar e combater os excessos, quando o reclamam a justiça e a dignidade do homem.

Ao direito cabe elaborar os textos legais mais adequados à nova realidade da família e interpretá-los consentaneamente, evitando a cristalização, a mumificação e o nocivo descompasso entre um povo e seu direito. Os dados sociais e psicológicos da família se alteraram fortemente no século XX, e assim prossegue no presente século.

Os vetores da justiça,[177] do amor, da igualdade, do respeito à dignidade humana, da liberdade e do atendimento das necessidades humanas em nível de possibilidade de desenvolvimento de todas as potencialidades do homem, são essenciais a uma sociedade melhor e à mais perfeita organização familiar. Uma má sociedade apenas por exceção produz boas famílias, mas famílias más também não originam uma boa sociedade. Se a família estiver estruturada e funcionalizada para transmitir aos seus componentes os valores superiores de convivência, um passo formidável terá sido dado no escopo de constituir uma sociedade mais justa, fraterna, solidária, igualitária e libertária. As transformações na família expressam o ajustamento deste ente social às novas realidades fáticas e valorativas. Por isso o direito de família vem mudando tão acentuadamente. E que se fomentem estas mudanças, para o direito não ser obstáculo ao advento de uma sociedade nova e melhor. O direito deve ser mais um fator a acelerar as modificações. E o será se o compromisso de seus operadores for com os autênticos interesses populares, e não com teorizações lógico-formais de gabinete, em regras elucubradas ao abrigo de uma metafísica platônica correspondente a um mundo fantasioso e imaginário, que não é o de nossa gente.

---

[177] Com a advertência de Cornelius Castoriadis (*Socialismo ou barbárie*. Editora Brasiliense, 1983, p. 33): "Uma sociedade justa não é uma sociedade que adotou leis justas para sempre. Uma sociedade justa é uma sociedade onde a questão da justiça permanece constantemente aberta".

Estudos de DIREITO DE FAMÍLIA

3. A família moderna e o Direito Positivo brasileiro

3.1. Introdução

Neste capítulo, serão abordadas as alterações no direito de família brasileiro, resultantes das tendências expostas no capítulo precedente.

A visão será ampla, abrangendo diferentes partes de nosso direito de família, com evidente destaque para o novo Código Civil. Apesar deste destaque, não deixarei de enfocar construções doutrinárias e jurisprudenciais que criam novas construções interpretativas, até mesmo fora ou contrárias ao Código Civil, pois que amparadas na Constituição Federal.

Será breve a alusão a matérias que serão estudadas em capítulos próprios. Isto significa que este capítulo alcançará, de maneira genérica e residual, assuntos que considero merecedores de referência, mas que não ensejam exame separado no livro. Como adiantei na apresentação desta obra, não é minha intenção um curso ou um manual de direito de família, mas somente a análise de alguns aspectos, que em especial atraíram minha atenção.

3.2. A paridade entre os cônjuges

É um dos assuntos em que foi explícita a Constituição Federal de 1988: art. 226, § 5°.

A igualdade foi alcançada através de evolução muito lenta.

No regime das Ordenações, os poderes maritais eram quase absolutos. Permitia-se ao homem a interferência em assuntos particulares da mulher, tais como imposição de leituras, vestidos ou penteados; proibição de freqüentar familiares ou de fumar; controle sobre correspondência da esposa. O Código Civil de 1916 terminou com tais excessos, mas manteve

Estudos de DIREITO DE FAMÍLIA

a mulher casada envolvida por um conjunto severo de restrições, que culminavam em sua incapacidade relativa.

Grande passo na libertação e dignidade veio com o denominado Estatuto da Mulher Casada (Lei n° 4.121, de 27.08.62). Com este diploma legal a mulher casada: a) deixou de ser relativamente incapaz; b) não mais dependeu do consentimento marital para aceitar ou repudiar herança ou legado, tutela e curatela; c) passou a poder propor ação judicial sem anuências do esposo; d) ficou em condições de aceitar mandato sem permissão marital; e) não mais precisava se submeter à vontade do marido no tocante ao exercício de profissão; f) o domicílio conjugal não mais seria fixado soberanamente pelo homem; g) conseguiu não fosse o homem quem decidisse, irrecorrivelmente, sobre casos domésticos; h) não mais perdeu o pátrio poder (expressão da época) sobre os filhos do primeiro leito, só porque convolasse segundas núpcias.

A dita Lei não previu só providências visando a minorar a situação de inferioridade da mulher. Adotou regras de proteção e regras que até a colocaram, em certas hipóteses, em posição vantajosa comparativamente ao homem: a) instituiu a figura dos bens reservados, inexistentes para o homem; b) estabeleceu a regra de não-responsabilidade patrimonial por parte do cônjuge que não assinasse título de dívida de qualquer natureza.[178]

Em 26.12.77, a Lei n° 6.515 (Lei do Divórcio), modificando o parágrafo único do art. 240 do Código Civil, possibilitou à mulher não mais usar os apelidos do marido.

No entanto, a situação jurídica da mulher casada permanecia bastante ruim, dado que em vários dispositivos o Código Civil de 1916 a punha em plano de subserviência e inferioridade, do que se arrolam exemplos: artigos 9°, §1°, inciso I; 70, *caput*; 186, *caput*; 219, inciso IV; 233; 247; 251; 266, parág. único; 274; 380; 385; 407; 454, §§ 1° e 2°; 467. É verdade que estes artigos não mais eram aplicados desde a Constituição Federal de 1988, por com ela conflitarem.

A atenuação se dava na guarda dos filhos, quando era nítida a preferência da mulher: a) art. 10, § 1°, da Lei n° 6.515/77; b) art. 16, *caput*, do Decreto-lei n° 3.200, de 19.04.41, com redação conferida pelo Lei n° 5.582, de 16.06.70.

O novo Código Civil eliminou total e completamente, sem nenhuma exceção, qualquer diferença jurídica entre os cônjuges. Não sobrou norma que inferiorizasse homem ou mulher. A radical mudança – de resto imposta pela Constituição Federal – simplificou o trato da matéria.

---

[178] A norma não distingue entre homens e mulheres, mas sabidamente destinou-se às segundas, que, por inúmeros fatores socioeconômicos, muito pouco se dedicavam aos negócios externos à unidade familiar.

Como não poderia deixar de ser, terminou o bem reservado da mulher.[179]

Caiu a preferência de guarda materna dos filhos menores. Passou a importar apenas o que é melhor para os filhos no caso concreto (arts. 1.584 e 1.612).[180]

Enfim, nenhuma exceção.

Pode-se discutir se a autorização de ambos os cônjuges seria necessária sempre, para quaisquer atos, ou em regra, somente um poderia falar pela família, presumindo-se autorizado pelo outro. Ambas as fórmulas preservam a paridade. O Código não contém regra que resolva a dúvida. A doutrina pouco tem-se preocupado com o tema. Penso que se pode induzir, de inúmeros artigos do Código Civil, que o sistema consiste em reclamar a participação de ambos os cônjuges apenas quando a lei contiver exigência expressa. Esta sistematização é atingida a partir de normas como as que seguem: arts. 5°, parág. único, inciso I; 1.517, *caput*; 1.642, inciso VI; 1.647; 1.663, § 2°, 1.720. Estes textos permitem concluir que o Código Civil, quando quis a atuação conjunta dos cônjuges, assim dispôs expressamente. Correto que assim seja, pois: a) exigir o consentimento de ambos os cônjuges para todos os atos de interesse de marido, mulher e filhos menores, mesmo os mais insignificantes, seria pôr obstáculos ao fluir da vida familiar, burocratizando-a ao extremo; b) a proteção dos terceiros, que se presumem de boa-fé, torna imperiosa esta compreensão, pois impede a invalidação dos atos praticados por um só dos esposos; afinal, se desarmônico o casal, que se separe; enquanto estiverem juntos, é justa e razoável a presunção de que estão se dando bem e um aceita os atos do outro perante terceiros; c) pragmaticamente, impede-se uma "epidemia" de invalidações, que adviria do entendimento que exigisse sempre a anuência expressa de ambos os cônjuges.[181]

3.3. A igualdade na filiação biológica

Também foi gradual e vagarosa a evolução nos direitos dos filhos ditos ilegítimos (expressão hoje proibida em documentos oficiais).

---

[179] Desde a CF de 1988 é este o entendimento dominante, com a ressalva de que não são atingidos os bens reservados constituídos antes da Constituição (o STF decidiu – coincidindo com a melhor doutrina – que normas constitucionais não operam retroativamente, salvo quando a Constituição ordenar a retroatividade).

[180] De minha parte, sou favorável a que prosseguisse a preferência em tese da mãe, por motivos sociais e psicanalíticos, mas evitarei expor minha posição, pois que superada pelo texto legal. Resta esperar que os tribunais levem em conta, cuidadosamente, os casos concretos, lembrando que, pelo menos em tenra idade, é bem maior, em regra, o apego da criança à figura materna.

[181] Sobre o tema, conferir o Capítulo V deste livro.

Estudos de DIREITO DE FAMÍLIA

Como todos sabem, no sistema anterior à CF de 1988, os filhos se classificavam em legítimos, legitimados e ilegítimos. Estes, por sua vez, se desdobravam em naturais e espúrios. Os últimos, em adulterinos e incestuosos. Esta classificação foi derrubada desde 1988, pois é total a igualdade jurídica entre os filhos Se hoje uma classificação dos filhos é admitida, para fins didáticos, apenas de pode falar em filhos matrimoniais e extramatrimoniais;[182] mesmo esta dicotomia, bem a rigor, é falha, pois o filho extramatrimonial é um suposto filho, até ser reconhecido, voluntária ou judicialmente, e, quando o for, será absolutamente igual aos demais.

A condição dos ilegítimos naturais não oferecia problema, em decorrência dos arts. 355, 363 e 1.605, *caput*, do anterior Código Civil. A dificuldade surgia para os ilegítimos espúrios, maltratados pelo art. 358 daquele Código.

No referente aos adulterinos, a situação foi melhorando aos poucos: a) a Lei n° 883, de 21.12.49, facultou, após dissolvida a sociedade conjugal, o reconhecimento voluntário do filho havido fora do matrimônio e, ao filho, a ação para que se lhe declare a filiação; b) a Lei n° 6.515/77, alterando a Lei n° 883/49, ensejou, ainda na vigência do casamento, o reconhecimento em testamento cerrado, aprovado antes ou depois do nascimento do filho, e, nessa parte, irrevogável; c) a Lei n° 7.250, de 14.11.84, também modificando a Lei n° 883/49, facultou reconhecimento após cinco anos de separação de fato; d) o art. 2° da Lei n° 883/49, com redação posta pela Lei n° 6.515/77, ordenou que o direito à herança fosse reconhecido em igualdade de condições, qualquer que fosse a natureza da filiação; e) o filho de separado judicialmente passou a ser visto como simplesmente natural;[183] f) a jurisprudência foi aceitando o reconhecimento de adulterinos *a matre,* quando havia separação de fato;[184] g) acórdãos acatavam como não inválido registro de nascimento de adulterino, feito pelo adúltero, tratando-se somente de caso de ineficácia até o instante da dissolução da sociedade conjugal.[185]

Problema sério persistia quanto aos incestuosos. Podiam eles apenas receber alimentos e isto quando os pais quisessem espontaneamente prestá-los, segundo exegese conferida ao art. 405 do Código Civil precedente.

Com a Constituição Federal de 1988, tudo mudou, diante do art. 227, § 6°, inclusive para os filhos ditos incestuosos.[186]

---

[182] Exemplo: Maria Helena Diniz. *Curso de Direito Civil brasileiro – Direito de Família.* 5° vol. 17ª ed. São Paulo: Saraiva, 2002, p. 375.

[183] RT 433/86.

[184] RT 593/115.

[185] Lamentavelmente, o Supremo Tribunal Federal resolvia em contrário: RTJ 109/440.

[186] Se, em determinado caso concreto, principalmente em comunidades pequenas, convém ao incestuoso que sua condição seja revelada, é tema delicadíssimo, a ser enfrentado topicamente.

O Código Civil de 2002, em obediência à CF, tratou os filhos com igualdade e eliminou todos os dispositivos do anterior Código que dificultavam a pesquisa da verdadeira paternidade ou maternidade, entendida esta como a biológica.[187] O Código atual não tem artigos do anterior aos moldes dos seguintes: 339, 340, 344, 363,[188] 364. Hoje os incestuosos não sofrem qualquer restrição. Quanto aos adulterinos, óbvio que a absoluta igualdade permite que sejam reconhecidos, voluntária ou judicialmente, a qualquer momento, mesmo sem dissolução da sociedade conjugal do adúltero.[189]

O único equívoco sério, no respeitante aos termos da Constituição Federal, reside no art. 1.601, em sua primeira parte. Corresponde ele ao art. 344 do Código de 1916. Mesmo retirada a expressão "privativamente", continua a se atribuir só ao pai o direito de contestar a paternidade dos filhos nascidos de sua mulher. A legitimidade deve se estender à mãe, ao filho e a quem se considera como verdadeiro pai biológico.[190] Tenho como inconstitucional o texto, pois desiguala filhos e impede a busca da verdadeira paternidade biológica.

O art. 1.601 é muito importante e polêmico em sua segunda parte, que trata da imprescritibilidade. Sua relevância está para o Capítulo II do Subtítulo II assim como o art. 1.614 está para o Capítulo III do mesmo Subtítulo. O art. 1.614 vem igualmente suscitando divergências de grande porte e é de extrema relevância que seja bem interpretado. A estes dois artigos dedicarei capítulo especial.[191]

Também em capítulo separado versarei sobre a filiação socioafetiva.[192]

3.4. A igualdade dos adotados

O instituto da adoção teve ótimo progresso com o aparecimento da legitimação adotiva, através da Lei n° 4.655/65. Novo aperfeiçoamento veio com a adoção plena, regulada pelo Código de Menores (Lei n° 6.697, de 10.10.79, arts. 29 a 37), com a qual o adotado lograva plena inserção no núcleo familiar do adotante.

---

[187] Mais adiante versarei sobre a filiação socioafetiva. Outra observação: é pena que o novo Código tenha perdido a oportunidade de afastar artigos totalmente sem sentido no sistema jurídico brasileiro atual (e que soam até ridículos), quais sejam os arts. 1.600 e 1.602.

[188] Muitos custaram a aceitar que o art. 363 era inconstitucional, pois limitava hipóteses de reconhecimento dos filhos. Basta ver que exigia no mínimo a relação sexual; ora, como ficaria o caso de inseminação artificial?!

[189] Não sobrou espaço para a Lei 883/49, que está totalmente revogada.

[190] Já existe projeto de lei no Congresso Nacional para que se faça tal ampliação.

[191] Conferir Capítulo 6.

[192] Ver capítulo 6.

Estudos de DIREITO DE FAMÍLIA

Antonio Chaves não hesitava em sustentar que o art. 2º da Lei nº 883/49 beneficiava os adotivos de qualquer espécie.[193]

Dado positivo notou-se na tendência de afastar dúvidas sobre se na adoção plena a sucessão seria ou não sem restrições ao adotado.[194]

Alvissareiro ver como a maioria dos julgados trilhou o caminho balizado pelo entendimento de que a adoção, pelos fecundos motivos que a inspiram, deveria merecer interpretação ampliativa e não restritiva, orientação que foi também do Supremo Tribunal Federal.[195]

Houve ademais o esforço em resguardar a adoção contra defeitos em sua constituição, validando-a mesmo que feita com desobediência de requisitos legais explícitos, em nome de um fato consumado benéfico ao adotado. Esta inclinação, como era de se esperar, aumentou com o passar do tempo.[196]

A Constituição Federal de 1988, em seu art. 227, § 6º, igualou todos os filhos, incluídos os adotivos. O novo Código Civil – e não poderia ser diferente – trouxe a completa paridade dos adotados. A tal ponto foi a intenção de igualar, que foi cometido um exagero, qual seja o de se reclamar processo para a adoção de maior de 18 anos (art. 1.623, *caput* e parágrafo único); eu próprio, sempre defensor incansável da irrestrita igualdade dos adotados, penso que houve uma demasia nesta exigência; não há por que impedir a escritura pública quando o adotado tiver 18 anos ou mais; interessa é a eficácia da adoção, e não a forma pela qual é feita, pelos menos quando envolvidos somente adultos.

Sobre a igualdade total dos adotados, põe-se interessante problema a ser enfrentado pelos que argumentam que a Constituição Federal de 1988 exclusivamente iguala os adotados menores de 18 anos. É dificuldade que não me atinge, visto que desde 1988 preconizo a igualdade de *todos* os adotados. Em outro capítulo deste livro tecerei comentários sobre a extensão da igualdade para os adotados, combatendo os que querem restringi-la para crianças e adolescentes.[197] Contudo, pela repercussão do assunto, quero agora situar a questão. É que a corrente majoritária entendia que a

---

[193] Ob. cit., p. 267.

[194] RT 608/97.

[195] Jurisprudência Brasileira, Editora Juruá, 1983, 73/37. Cumpre registrar, para fazer o contraponto, que o mesmo Tribunal, deploravelmente, em outro julgado, deliberou não ser cabível a interpretação ampliativa, pois a adoção é criação da lei: JB cit., 73/74.

[196] RJTJSP 4/40. RF 100/484. RTJ 45/473. *Revista Trimestral de Jurisprudência dos Estados* 133/145. Lex-Jurisprudência do Superior Tribunal de Justiça e Tribunais Regionais Federais 149/44. O TJSP, ainda que com voto vencido, chegou a admitir adoção sem escritura pública – em caso no qual esta, pela lei vigente, deveria ter sido feita – acatando ação visando ao reconhecimento de filiação adotiva: Boletim de Jurisprudência ADV-COAD 4/97, p. 60, item 76960; outro caso de adoção por via judicial, admitida em São Paulo: RT 750/250; em contrário, com voto vencido: RT 757/183.

[197] Conferir Capítulo VII. Também trato assunto sobre adoção no capítulo XI.

igualdade dos adotados alcançava só aqueles que o fossem na condição de menores de 18 anos; assim se manifestavam porque, devendo a interpretação ser sistemática e parágrafos precisam ser harmonizados com a cabeça do artigo, o § 6° do art. 227 da CF seria pertinente às crianças e adolescentes, porque unicamente estes eram mencionados no *caput* da norma constitucional. Os que interpretavam desta forma vêem-se na triste contingência de reputar inconstitucional a igualdade completa dos adotados trazida pelo Código Civil de 2002, pois afinal a Constituição Federal não mudou! É problema bastante grave e que terão o ônus de enfrentar.

3.5. O concubinato e a união estável

O trabalho jurisprudencial brasileiro de reconhecimento e proteção ao concubinato foi digno do maior destaque, na proporção em que ia além da atuação do legislativo.

Os tribunais: a) criaram a figura da sociedade de fato entre os concubinos, a ser reconhecida, com dissolução e partilha dos bens adquiridos durante a convivência; b) concederam indenização por serviços domésticos prestados pela concubina; c) deferiram indenização por prejuízos resultantes de concubinato prometido e firmado, mas logo desfeito; d) concederam ao concubino ressarcimento pela morte do companheiro em conseqüência de ato ilícito, inclusive acidente do trabalho.

A lei, tardiamente, foi se curvando diante da realidade social do concubinato. As legislações previdenciária e do imposto de renda passaram a aceitar a pessoa da concubina ou companheira[198] como dependente. O art. 57 da Lei n° 6.515/77 contemplou o direito de a concubina adotar o patronímico do companheiro.

Em 1994, veio a Lei n° 8.971, que, em grande progresso, previu para os companheiros o direito a alimentos, à herança e à participação automática na metade dos bens adquiridos durante a convivência. Esta formulação foi reafirmada pela Lei n° 9.278/96, que acrescentou o direito real de habitação. Na verdade, a união estável, em termos de eficácia, passou a se distinguir do casamento apenas pela circunstância de não operar perante terceiros, por não ser registrada; em face disto, se um dos companheiros vende imóvel adquirido por ambos, o prejudicado não pode invalidar o

---

[198] Nunca me apartei da idéia de que concubinato, companheirismo e união estável eram a mesma coisa, apesar de esta orientação ter ficado minoritária. Atualmente, reconheço que não mais posso permanecer nesta corrente, em face da distinção inegável elaborada pelo Código Civil de 2002, em seu art. 1.727.

Estudos de DIREITO DE FAMÍLIA

negócio, mas somente postular indenização pela metade do valor do bem vendido.

O novo Código Civil, em notável retrocesso, trouxe regras discriminatórias violentas em matéria sucessória. Aliás, é o maior erro do Código Civil de 2002, em todo o seu conjunto (não só no direito de família). É como se Congressos Nacionais diferentes tivessem confeccionado o mesmo Código! A união estável é prestigiada no direito de família, mas rebaixada no direito das sucessões. Veja-se o relevo dado à união estável pelo direito de família, o que se demonstra por inúmeros artigos que se preocupam em referi-la, fora dos arts. 1.723 a 1.727: arts. 1.595, 1.618, parágrafo único, 1.622, 1.631, 1.632, 1.694, 1.711, 1.775. Em compensação, no campo sucessório: a) a herança só abrange bens adquiridos onerosamente na vigência da união estável[199] (art. 1.790, *caput*); b) o companheiro concorre com colaterais (art. 1.790, inciso III); c) o companheiro não é herdeiro necessário, mas apenas o cônjuge (art. 1.845); d) o direito real de habitação é previsto somente para os cônjuges[200] (art. 1.831). É provável que alguns tribunais tenham como inconstitucionais estas regras sucessórias restritivas, na medida em que entram em choque com o tratamento paritário dado à união estável, em relação ao casamento, pela Constituição Federal, tese que vejo como correta.

Oportuno assinalar que o Tribunal de Justiça gaúcho e a doutrina rio-grandense[201] vêm admitindo aplicação analógica das regras sobre união estável à união homossexual.[202] A resistência no Congresso Nacional, no entanto, é tão grande que até hoje não passou o Projeto de Lei n° 1.151/95,

---

[199] O que se constitui em equívoco gravíssimo, que contraria o que há de mais elementar em matéria sucessória, ou seja: a herança compreende sempre todos os bens do *de cujus*, qualquer que seja a época em que tenham sido adquiridos e não importando como o foram, ou seja, se gratuita ou onerosamente.

[200] É razoável sustentar, neste particular, a permanência da Lei n° 9.278/96, por aplicação do art. 2°, §2°, da Lei de Introdução ao Código Civil Brasileiro.

[201] a) Maria Berenice Dias. *União homossexual: do preconceito a justiça*. Porto Alegre: Livraria do Advogado, 2000. b) Belmiro Pedro Welter. *Estatuto da união estável*. 2ª ed. Porto Alegre: Síntese, 2003, p. 41 a 69. c) José Carlos Teixeira Giorgis. A natureza jurídica da relação homoerótica; artigo publicado em *Revista AJURIS*, Porto Alegre, dezembro 2002, vol. 88, tomo I, p. 224.

[202] Em posição vencida, chegou-se a afirmar a inconstitucionalidade de norma constitucional, ou seja, do art. 226, § 3°, quando exige presença de homem e mulher, pois seriam contrariadas regras mais relevantes da mesma Constituição: art. 1°, III, art. 3°, inciso IV, e art. 5°, *caput* e inciso I. É a tese, importada da Alemanha, de que a norma constitucional pode ser inconstitucional: é formalmente constitucional, pois consta da Constituição Federal, mas materialmente inconstitucional, por se opor a princípios ou normas mais relevantes da mesma Constituição. O Supremo Tribunal Federal repeliu esta linha de pensamento, a propósito de outros temas. E convenhamos que é uma demasia imaginar que o constituinte não possa sequer dizer que uma união estável deva ser entre homem e mulher!... É preferível que não tivesse dito, mas não estava impedida de dizê-lo. Não se podem erigir concepções pessoais à categoria de compreensão constitucional. Todas as interpretações devem se submeter ao crivo constitucional, mas pelo menos tê-la como limite, salvo casos radicalmente extremos, de vida ou morte ou visceral violação da dignidade humana ou outras situações extremas.

da então Deputada Federal Marta Suplicy, sobre parceria civil entre pessoas do mesmo sexo; isto apesar de a Deputada, em sua exposição de motivos, ter salientado que seu projeto *não* prevê constituição de família, *não* fala em alimentos, *não* permite uso de sobrenome, *não* tem a união homossexual como estado civil, *não* situa como ação de estado a demanda correspondente, *não* põe o tema na competência de vara de família e *não* admite que o contrato possa dispor sobre adoção, tutela ou guarda de menores. O Projeto traz, como mais importante, a participação na herança; ora, mesmo aí a Deputada manteve a coerência, pois para herdar não é necessário ser parente ou cônjuge ou companheiro, ou seja, não precisa haver relação familiar com o *de cujus*. De minha parte, considero generosa e bela a intenção dos que sustentam a possibilidade da união estável homossexual ou homoafetiva ou que, pelo menos, utilizam a analogia para propiciar iguais direitos. Porém, ainda não me convenci da correção jurídica desta tese, com todo o respeito dos brilhantes argumentos em seu prol. Não penso que se trate de preconceito meu, pois aceito que se modifique a Constituição Federal e as leis até para implantar casamento entre homossexuais. A questão é muito simples: nosso sistema jurídico não comporta ainda sequer a construção pela analogia. O problema está em que a Constituição Federal expressamente só aceita união estável entre heterossexuais. A solução da analogia é forçada, pois implica terminar concedendo os mesmos direitos dos heterossexuais na união estável. Está evidente que a Constituição Federal não permitiu união estável, ou efeitos dela decorrentes, para homossexuais. E não se trata de uma emenda constitucional, mas de constituição originária e votada por parlamentares eleitos pelo povo (não é uma Constituição outorgada por ditadura militar). Vejo a posição gaúcha como precedente arriscado em termos de desrespeito à Constituição Federal. Afinal, tantos de nós criticamos o pouco caso com que a Carta Magna é enfocada. Não consigo compreender que a Constituição Federal não tenha o poder sequer de prever que união estável só se dá entre heterossexuais. Não se cogita de pena de morte, hipótese em que me voltaria contra a Constituição, se ela a admitisse. É preciso ver os valores que estão em jogo. Dizer que a Constituição Federal não aceita união estável homossexual ou homoafetiva ou aplicação analógica de seus efeitos aos homossexuais não significa matar seres humanos. A valoração capaz de se voltar contra a Constituição Federal deve ser um nível elevadíssimo. Que se modifique a Constituição Federal, para afastar a referência de que a união estável só existe entre heterossexuais; aí tudo será diferente. Recordo quando defendi alimentos na união estável mesmo antes da Lei n° 8.971/94, em posição bastante minoritária; na época expendi vários argumentos, em trabalhosa tese, pois difícil vencer a idéia de que apenas há alimentos nos casos em que a lei explicitamente os prevê.

Estudos de DIREITO DE FAMÍLIA

Assim também em outras teses nas quais fui pioneiro e tido como por demais avançado. Há, contudo, uma grande diferença: não tinha contra mim uma norma constitucional expressa! Não é correta a analogia, pois a lei, no caso a Lei Maior, não é omissa, mas sim expressa em prever a união estável exclusivamente entre homem e mulher. Enfim, talvez tenha chegado meu momento de reacionarismo... Mas tenho dificuldade em ver como conservadora uma postura de acatamento a uma Constituição democrática. Costumo comparar o sistema jurídico a um elástico, que pode ser esticado ao extremo, desde que não se rompa.[203] O próprio direito alternativo, do qual participei. sempre soube de seus limites. Que a noção do justo e dos fatores sociais não pode ser absolutizada, sob pena de ruptura do sistema jurídico, se pode ver na seguinte situação singela: para mim é 100% justo, razoável, correto, recomendável social e economicamente, que não se distribua a herança de alguém entre filhos que já são ricos, devendo o patrimônio ser empregado, por exemplo, na construção de escolas e hospitais; todavia, nunca decidi desta forma e não conheço nenhum juiz ou tribunal que o tenha feito. Se o juiz assim resolvesse, provavelmente não fosse adjetivado de alternativo, mas sim proposta a sua internação para tratamento mental... Mas repito e insisto: a solução de não dar a herança aos filhos, para mim pelo menos, seria totalmente justa e equânime. Finalizo dizendo que espero estar errado e que prospere a postura majoritária do tribunal gaúcho, assim como se faça movimento pela mudança da Constituição Federal, retirando a referência expressa ao componente heterossexualidade na união estável, com o que se colaborará em muito no combate a um pernicioso preconceito. A realidade da união homoafetiva não pode ser mais sufocada[204]

3.6. Maior facilidade na ruptura da sociedade conjugal e do casamento

A Lei do Divórcio não apenas introduziu esta forma de dissolução do matrimônio, mas facilitou a separação judicial, através da supressão da

---

[203] Já existe texto jurídico afirmando, com base na Constituição Federal (a Constituição Federal, por muitas vezes emprega expressões bastante amplas e vagas, permite, o que é perigoso e existe severo filtro, sustentar todas as interpretações imagináveis) admite a família grupal (grupo de homens e mulheres trocando afeto, sexo e interesses comuns em geral)! No capítulo II aludi a esta forma de família, que deve ser aceita, mas evidente que ainda não o foi no atual estágio do direito brasileiro. As interpretações não podem se transformar em um vale-tudo jurídico, sob pena de desaparecer o mínimo de segurança e estabilidade. Se o valor justiça é superior ao valor segurança, a total ausência de segurança conduz à injustiça.

[204] É cediço que há tempos foi a homossexualidade retirada do catálogo dos transtornos mentais. É forma plenamente válida de exercício da sexualidade.

obrigatoriedade de pesquisa sobre a culpa dos cônjuges (§§ 1° e 2° do art. 5°). Tornou-se possível o desquite ou separação judicial ainda contra a vontade do cônjuge dito inocente ou não-culpado. No atinente ao divórcio, foi posto como alternativa inevitável, se o desejar um dos cônjuges. Absurdos prosseguiram, como o art. 38, que limitava o divórcio a um só, felizmente depois revogado.

O Código Civil de 2002 facilitou ainda mais a separação e o divórcio: a) reduziu para um ano o prazo de casamento que enseja requerer separação judicial consensual (art. 1.574); b) diminuiu para dois anos o prazo de duração de doença mental (antes cinco anos), para fins de solicitar a separação judicial litigiosa remédio do art. 1.572, § 2°; c) não mais exige partilha de bens para o divórcio (art. 1.581);[205] d) no caso de conversão de separação judicial em divórcio, o réu não pode mais alegar descumprimento de obrigações assumidas quando da separação judicial, pois não repetido no Código de 2002 o art. 36, parágrafo único, inciso II, da Lei n° 6.515/77; e) reduziu a incidência da gravíssima e intolerável punição de perda de bens no caso de pedido de separação judicial litigiosa remédio, restringindo-a apenas para a separação fundada em alegada doença mental (art. 1.572, § 3°), ou seja, não mais existe a perda de bens no caso de separação judicial litigiosa remédio por separação de fato.

Outra facilidade para a separação judicial é na esfera alimentar. Por se cogitar de questão mais sutil e expressiva, deve ser tratada destacadamente. Mostrarei que não mais existe responsabilidade alimentar de quem requer separação judicial litigiosa remédio, só porque assim agiu, entendimento que era dominante no país. É assunto de grande repercussão prática. Não é fácil perceber onde está resolvida a questão nos arts. 1.694 a 1.710.Como todos sabem, enorme polêmica cercava a matéria e a orientação dominante no Brasil (não no Rio Grande do Sul), era a de sustentar que, na separação judicial litigiosa remédio (assim como no divórcio direto) a responsabilidade alimentar em tese, em abstrato, resultava do fato de ter requerido a separação em juízo. O autor da separação judicial ficava, apenas porque autor, com a responsabilidade alimentar, e pagaria ou não dependendo da necessidade do réu (obviamente também dos recursos do autor). Argumentos técnicos vários e sólidos não faltavam para apoiar a interpretação majoritária no país, apesar das injustiças que poderiam surgir em casos concretos. Não mais é assim. Pelo art. 1.704, importa exclusiva-

---

[205] É relevante estar atento para o seguinte: 1°) os cônjuges podem se divorciar sem partilhar bens, mas não devem casar (art. 1.523, inciso III); 2°) se houver o novo casamento com desrespeito à causa suspensiva, a punição é a aplicação automática do regime de separação de bens (art. 1.641, inciso I); este o único "castigo", pois o casamento é existente, é válido e é eficaz, visto que a hipótese é de não "dever" casar, e não de não "poder" casar (art. 1.521; este dispositivo é que traz fatores que proíbem o casamento e o tornam nulo: art. 1.548).

Estudos de DIREITO DE FAMÍLIA

mente observar o critério de necessidade (esta era a orientação gaúcha). O problema para mim residiu em perceber que a responsabilidade alimentar na separação judicial litigiosa remédio estava prevista no art. 1.704, *caput,* pois sua redação não é explícita a respeito. Tanto é que hesitei na análise e convenci-me da real vontade da lei ao ler a obra coordenada por Ricardo Fiúza,[206] quando é afirmado, com todas as letras, que o art. 1.704 quis evitar a falha grave, provocada pelo art. 19 da Lei n° 6.515/77, o qual *"apenava com a perda do direito a alimentos o cônjuge que tomava a iniciativa da ação de separação 'ruptura', independentemente da apuração da culpa".*Desta forma, pelo novo Código Civil, o cônjuge que solicita em a separação judicial litigiosa remédio não fica mais responsável pelos alimentos e poderá obtê-los se estiver necessitado. Sem dúvida é posição muito mais justa, pois impede que autores pobres e doentes (impossibilitados de trabalhar para o sustento), por exemplo, não possam solicitar alimentos para demandados ricos; o exemplo poderia ser piorado se imaginarmos que o acionante era a pessoa tida, pela moral média, como de boa conduta, sendo o réu de péssimo comportamento.[207] Quanto ao divórcio direto, por elementar analogia, a solução é a mesma, na omissão da lei.

Mais uma facilidade para obter separação consiste na tese de que a culpa deve ser afastada tanto quanto possível. Eis outro assunto que deve ser visto em separado, por sua grande importância. Note-se que aqui é bem mais difícil, com rígidos critérios lógico-formais de dogmática jurídica, argumentar como base direta e clara no Código Civil de 2002, pois este, queiramos ou não, gostemos ou não, ao que tudo indica trabalhou copiosamente com a idéia de culpa. Porém, como é orientação que cresce dia a dia em termos jurisprudenciais, principalmente no Rio Grande do Sul (e agora até com acórdão do STJ, como depois veremos), não pode ser deixada de lado; não é a orientação dos manuais, mas cada vez mais se vê apoiada. Em termos nacionais, a doutrina e a jurisprudência, largamente dominantes, continuam a trabalhar com a culpa, tanto para a separação judicial como para a ruptura da união estável, inclusive para efeitos alimentares. Seria difícil que fosse de outra maneira, pois o novo Código Civil prossegue prevendo a culpa, tanto como causa de separação judicial litigiosa sanção (art. 1.572, *caput*), como em termos fator capaz de provocar redução dos alimentos (arts. 1.694, § 2°, e 1.704, parágrafo único), e ainda como determinante da perda do direito de usar o nome (art. 1.578,

---

[206] *Novo Código Civil comentado.* São Paulo: Saraiva. 2002, p. 1513.

[207] É verdade que vem sendo combatida a idéia de culpa, cada vez mais repelida pelo Tribunal de Justiça do R. G. do Sul, como veremos a seguir, mas, de qualquer forma, o exemplo ainda pode ser utilizado didaticamente, até porque no restante do território nacional prosseguem prevalecendo as decisões fundadas na culpa, que contam também com o apoio de grande parte da doutrina.

caput). A culpa não mais atua é no equacionamento da guarda dos filhos (arts. 1.583 a 1.590).O Tribunal de Justiça do Rio Grande do Sul vem reagindo contra esta linha preponderante de pensamento, em julgamentos que afasta a cogitação de culpa por inconstitucionalidade (fere o resguardo da dignidade humana), ou, pelo menos, elidem sua discussão, em casos concretos, tanto quanto possível.[208] Esta orientação tem sólido fundamento, pois se alicerça em dados psicológicos, que evidenciam a reciprocidade da culpa, e morais, que visam a resguardar os cônjuges das desvantagens de uma separação judicial litigiosa com pesquisa de culpa, assim como na constatação de que o desamor deve acarretar o fim da sociedade conjugal, o que combina com o fato de a revalorização do aspecto afetivo ser uma das características principais do direito de família moderno. Com toda a vênia, ainda não me convenci do argumento de inconstitucionalidade, não me parecendo razoável não possa o legislador sequer prever separação com culpa. *E sinto-me à vontade para manifestar esta posição, visto que sou a favor da eliminação da culpa.* Apenas vejo que o direito brasileiro insiste em mantê-la na lei federal e cumpre ao intérprete e aplicador acatar esta opção legislativa. Acho forçada a construção pela inconstitucionalidade. Não só forçada em si própria, como também duvidosa pela circunstância de que também integraria o conceito de dignidade humana, na elasticidade que a corrente contrária está querendo lhe atribuir, o direito moral da parte que se sente ofendida de demonstrar que não foi ela a culpada pela destruição do casamento (dentro das noções correntes de moral média, as quais ainda impregnam as valorações do povo). A lei federal não está obrigando ninguém a seguir o caminho tortuoso e difícil da separação sanção! Por isto é também difícil atinar com inconstitucionalidade porque estivesse sendo desrespeitada a dignidade humana. Pode o interessado, não alcançada a forma ideal, que é a separação judicial amigável (ou o divórcio amigável), valer-se da separação judicial remédio ou, passados dois anos de separação fática, do divórcio direto. Não faltam caminhos legislativos para evitar a separação judicial litigiosa sanção. Por outro lado, é excessivo simplesmente proibir o uso desta última modalidade, pois que, como salientei, podem suceder motivos morais consideráveis para que assim seja, isto sem falar dos motivos jurídicos (quantitativo dos alimentos, uso do sobrenome). Além disto, forçoso reconhecer que, dentro de uma concepção tridimensional do direito (fato – valor – norma, consoante Miguel Reale), a realidade social e valorativa do povo, em grande parte, mostra o apego à indagação sobre o responsável pela ruptura; não seria exato, portanto, dizer que o legislador impôs uma solução alheia

---

[208] RJTJRGS 195/366, 201/364, 208/349, 208/371, apelação cível 70002183259.

às expectativas da população.[209] A idéia de culpa, em geral, está presente nas apreciações populares sobre todos os assuntos controversos, desde o acidente de trânsito com danos puramente materiais; com muito maior motivo na gravidade dos conflitos erótico-afetivos. De qualquer forma, recentemente, o Superior Tribunal de Justiça, sendo Relator o Ministro Ruy Rosado de Aguiar, proferiu julgamento em que prestigia as decisões gaúchas, decretando separação judicial mesmo sem prova de culpa, quando esta fora alegada em ação e reconvenção; trata-se do REsp 467.184-SP, julgado em 05 de dezembro de 2002, encontrável em *Revista Brasileira de Direito de Família*, Síntese, IBDFAM, Porto Alegre, jan-fev-mar 2003, pág 87; o Ministro-Relator chegou a adiantar opinião sobre o novo Código Civil, afirmando que o art. 1.573, parágrafo único, permite separação judicial com amplitude, mesmo sem conduta reprovável do cônjuge, bastando a impossibilidade da vida em comum. Seria, a meu ver, a aceitação da mera incompatibilidade de gênios, por exemplo. Se prosperar esta linha de pensamento, estará sendo criada nova forma de separação judicial, com o que ficaria modificada a classificação correspondente; hoje se fala em separação judicial amigável e litigiosa, esta subdividida em sanção e remédio, e esta, por sua vez, em separação de fato e doença mental. Vingando a tese do STJ, teríamos na separação judicial litigiosa remédio uma terceira modalidade: separação judicial por impossibilidade de comunhão de vida.

Em dois pontos houve retrocesso:[210] a) quando se permite a manutenção do sobrenome do cônjuge mesmo havendo divórcio (art. 1.571, § 2°); b) ao não se repetir norma como a do art. 44 da Lei do Divórcio, que ensejava amplamente, *em qualquer processo*, a retroação do prazo de um ano exigido para conversão de separação judicial em divórcio; hoje a retroatividade só pode suceder no caso de separação de corpos (art. 1.580, *caput*).

---

[209] Sei que este argumento deve ser empregado com cautela, pois o povo, em sua maioria, provavelmente aprovaria a pena de morte. Eu continuaria sendo contrário a ela e sustentaria sua inaplicabilidade, mesmo constando na Constituição Federal! Porém, a grande diferença é que aí se trata de matar alguém, e não de somente estar uma lei federal a prever a possibilidade de uma separação judicial com alegação de culpa, entre outros caminhos legais para a ruptura da sociedade conjugal ou do casamento. É preciso ter em mente a proporcionalidade entre os valores envolvidos, sob pena de tudo ser inconstitucional, conforme a posição interpretativa de cada um, o que resultaria no perigo de nada ser inconstitucional!... O linguajar amplo e aberto do texto constitucional, principalmente de seus primeiros artigos, enseja uma amplitude infinita das alegações de inconstitucionalidade.

[210] Não considero retrocesso a permanência da separação judicial no Código Civil. Sinto-me à vontade para pensar assim, pois sempre fui divorcista. Acontece que, independentemente de ser ou não religioso, crer ou não em Deus, devem-se respeitar as religiões dos outros; ora, a separação judicial – à qual ninguém é obrigado a recorrer – fica para todos aqueles que, por interdito religioso, não se possam divorciar.

3.7. As procriações artificiais

As procriações artificiais aparecem no Código Civil de 2002: art. 1.597, incisos III a V.

São regras muito escassas e que quase nada resolvem. Falta lei, falta jurisprudência. Porém, começa a surgir ótima doutrina brasileira.[211]

Não é meu propósito deter-me neste tema, em decorrência de sua quase nula repercussão forense. Fica, como já asseverei nesta obra, a preocupação em evitar a mercantilização repugnante que tende a dominar esta área, para o que seria essencial que houvesse lei reguladora minuciosa, e não apenas o quase nada dito pelo novo Código Civil. Por enquanto, resta construir, estando praticamente tudo em aberto, com base nos princípios gerais de direito e nas normas constitucionais. A dignidade humana deve imperar no reger das interpretações, como bem alerta Sérgio Ferraz.[212] Sobre a questão da dignidade humana, cito dois exemplos: a) não é tolerável contrato como o que envolve a denominada "barriga de aluguel" (a expressão em si é repugnante; devem se utilizar nomes como *cessão de útero* ou *mãe de substituição*), pois nulo por objeto ilícito;[213] b) não tenho como admissível juridicamente a cognominada produção independente, quando uma mulher resolve se inseminar com sêmen anônimo; a mulher é dona de seu corpo, mas não de colocar no mundo um ser pela metade, que não terá, por um dos lados, como conhecer suas raízes, sua genealogia, sua ascendência, seus antepassados.

Reporto-me, de resto, ao capítulo II desta obra, quando fiz algumas ponderações sobre os avanços científicos e tecnológicos no direito, inclusive abrangendo aspectos outros que não as procriações artificiais.

---

[211] a) Guilherme Calmon Nogueira da Gama. *O biodireito e as relações parentais*. Rio de Janeiro: Renovar, 2003; b) Eduardo de Oliveira Leite. *Procriações artificiais e o direito*. São Paulo: RT, 1995. c) Belmiro Pedro Welter. *Igualdade entre as filiações biológica e socioafetiva*. São Paulo: RT, 2003, p. 205 a 264; d) Monica Sartori Scarparo. *Fertilização assistida – questão aberta – aspectos científicos e legais*. Rio de Janeiro: Forense, 1991.

[212] *Manipulações biológicas e princípios constitucionais: uma introdução*. Porto Alegre: Sergio Fabris, 1991.

[213] Nunca me sairá de mente que já foi redigido artigo doutrinário discutindo se em tal caso a natureza jurídica seria de locação de coisa ou locação de serviços!...

Estudos de DIREITO DE FAMÍLIA

4. Dano moral e Direito de Família: o perigo de monetizar as relações familiares

4.1. Introdução

Existe orientação doutrinária dominante, favorável ao ressarcimento de danos morais entre cônjuges, mesmo naquelas hipóteses em que o dano somente pode ser sofrido pelo cônjuge e nesta condição de cônjuge, porque o outro violou deveres do casamento. Esta postura contrasta com a posição jurisprudencial majoritária, que não vê com simpatia a monetarização do Direito de Família. Sem dúvida, por elementar analogia, aquela construção doutrinária será estendida aos problemas entre companheiros (união estável), e, em face dos exageros que vêm sendo cometidos, a tendência é que os pedidos indenizatórios alcancem as relações erótico-afetivas em geral, seja qual for o nível, intensidade ou profundidade da ligação do par, heterossexual ou homossexual. Com a máxima vênia, todavia, merece reparos esta linha de pensamento.

O presente trabalho aponta os exageros em matéria de pedidos de indenização por dano moral, principalmente quando estes excessos ingressem no Direito de Família.

4.2. A doutrina

Yussef Said Cahali[214] faz correta distinção entre o dano moral que pode ser padecido por qualquer pessoa e o dano moral que só pode ser sofrido por uma pessoa que se encontre na condição de cônjuge de outrem e deste parta a conduta ofensiva e configuradora de infração de dever do casamento (art. 5°, *caput*, da Lei n° 6.515/77). Preleciona o

---

[214] *Dano Moral.* 2ª ed. São Paulo: RT, 1998, p. 671.

Estudos de DIREITO DE FAMÍLIA

Mestre: *"Em outros termos, não se trata de saber se é indenizável pelo direito comum, como pareceu a Luiz Felipe Haddad, simplesmente o dano ilícito causado ao cônjuge como a qualquer outra pessoa (agressão, injúria) e indenizável a teor do art. 159 do CC (nota 37), mas de um dano que somente pode ser padecido pelo cônjuge inocente em razão dos fatos caracterizados como ~infração grave dos deveres conjugais, que tornam insuportável a vida em comum' (art. 5º. da Lei 6.515/77), e 'comprometen gravemente el legítimo interés personal del cónyuge inocente'"*.

Já que lembrado o nome do Ilustre Jurista Yussef Said Cahali, a partir de suas próprias lições, na obra citada, se nota uma perigosa inclinação doutrinária a abrir por demais a possibilidade do ressarcimento do dano moral nas relações familiares e erótico-afetivas em geral. O valioso apanhado doutrinário realizado por Cahali (que vale por pesquisa em múltiplas fontes, como, aliás, é tradição em seus excelentes trabalhos, sempre na primeira linha da literatura jurídica nacional), bem revela aquela tendência.

Outra não é a orientação de Carlos Alberto Bittar.[215]

O clássico José de Aguiar Dias abria esta trilha delicadíssima,[216] sustentando que o adultério pode originar reparação civil, entre outras infrações aos deveres do casamento.[217]

Também se alinha neste pensamento Regina Beatriz Tavares da Silva Papa dos Santos, que produziu ótima monografia sobre aspectos da reparação civil na órbita familiar.[218]

Destaque também merece a respeitável opinião do Ilustre Promotor de Justiça e Jurista Belmiro Pedro Welter, favorável ao ressarcimento mais amplo.[219]

4.3. Os motivos para afastar e/ou atenuar a indenizabilidade do dano moral nas relações erótico-afetivas. As propostas de mudança do novo Código Civil

Concorda-se em que não possa um cônjuge ou companheiro infligir ao outro, por exemplo, agressões físicas e/ou morais (agressão moral

---

[215] *Reparação Civil por Danos Morais.* 2ª ed. São Paulo, RT, 1994, p. 180 e 181.

[216] *Da Responsabilidade Civil.* Vol. II, 5ª ed. Rio de Janeiro: Forense, 1973, p. 17 a 20, item 160.

[217] Importantíssimo notar que constata José de Aguiar Dias não conhecer nenhuma decisão, em nossa jurisprudência, sobre indenização em casos de adultério!! Este evento significativo será depois objeto de maior análise.

[218] *Reparação Civil na Separação e no Divórcio.* São Paulo: Saraiva, 1999.

[219] *Dano Moral na Separação, Divórcio e União Estável.* RT 775/128.

entendida aqui não como o mal-estar provocado por determinado comportamento não endereçado intencionalmente contra o cônjuge, mas sim como ofensa verbal direta e dolosa)[220] e não estar sujeito, se for o caso, a indenizar por danos morais, assim como qualquer pessoa está sujeita a indenizar a outrem por danos morais decorrentes de tais agressões. O perigo da extensão da indenizabilidade está em deferi-la, indiscriminadamente, para as hipóteses em que somente entre cônjuges, ou entre quem – de uma forma mais genérica e abrangente – vivencia relação erótico-afetiva, possa ocorrer determinada atitude que se queira como geradora de dano moral, como sucede nas infrações de deveres do casamento ou da união estável. *A prosperar este exagero, praticamente TODA a ação de separação judicial ensejaria pedido cumulado de perdas e danos morais, em deplorável e perniciosa monetarização das relações erótico-afetivas!* Nem haveria motivo razoável para que os pedidos de dano moral não se estendessem aos casos de conduta desonrosa, também previstos no art. 5º da Lei do Divórcio. O mesmo problema haveria no divórcio e na união estável, e, certamente, em pouco tempo, onda avassaladora de duvidoso moralismo atingiria todos os relacionamentos erótico-afetivos.

Na verdade, do erro de não querer indenizar dano moral, está se partindo para o erro oposto, constituído pelo exagero, pelo excesso, pela demasia de exigir dano moral por tudo e por qualquer motivo. Com isto, algo sublime está sendo distorcido e amesquinhado por interesses patrimoniais, monetários, materiais, puramente financeiros, com muitos tentando ganhar dinheiro a custa dos outros. Já não mais se trata do nobilíssimo exercício da cidadania e da louvável e salutar busca dos direitos em juízo.[221] Não. A pretexto do dano moral, o que se passa a querer é obter vantagens materiais a qualquer título. Começa-se, propositalmente ou por desconhecimento, a confundir qualquer incômodo da vida com fato gerador de dano moral. Como se a vida não fosse uma sucessão de múltiplos incômodos e como se não fosse um dos sentidos da vida exatamente enfrentar e resolver os problemas que ela nos cria. Terminar-se-á paralisando os seres humanos, que nada mais farão com receio de incidirem em dano moral a alguém. A vida é formada de riscos e, aliás, ficaria bastante enfadonha e insuportável se não houvesse os riscos e as naturais preocupações e incômodos deles emanados.

A tendência de querer ver em tudo uma causa de dano moral é ainda mais perigosa porque se insere em um pensamento econômico-financeiro

---

[220] Em outras palavras: não se indenizaria porque alguém se interessou por outrem que não o seu cônjuge ou companheiro, mas sim se aquele ofendesse, por exemplo com insultos e palavrões, o seu cônjuge ou companheiro.

[221] O que tem permitido assistir ao magnífico e elogiável fenômeno de cada vez maior número de pessoas afluirem ao Poder Judiciário.

Estudos de DIREITO DE FAMÍLIA

que quer monetizar todas as relações sociais, impregnando-as, de maneira radical, pelo fator dinheiro. Diviniza-se o lucro, sacraliza-se a moeda, endeusa-se a competição desenfreada e o consumo. Com isto, em gravíssimo perigo para a humanidade, é fomentada a pulsão de destruição e de morte (*thanatos*), em detrimento da pulsão para a vida (*Eros*).

Importante notar, por exemplo, como alguns estão tentando paralisar o exercício da cidadania, pedindo ressarcimento por dano moral em decorrência de alguém ter procedido a uma reclamação ou queixa em qualquer repartição pública, simplesmente porque houve o ato de comunicação e pedido de providências. Coloca-se o postulante da indenização mais ainda cheio de razões, se não vier a ser comprovado o fato contra ele alegado. Ora, deveria ser elementar que importa é não tenha a reclamação, comunicação, *notitia criminis*, e assim por diante, sido feita com má intenção, espírito de vingança, motivos mesquinhos, tentativa de chantagem, e outras hipóteses. Evidente que não é exigível de ninguém uma prévia vasta investigação particular, por conta própria, para obter prova irrefutável da reclamação ou ocorrência que registra!

Transportar esta visão para o mundo erótico-afetivo é terminar com a paixão, é liquidar com o amor, é aprisionar a libido, é abafar a força do sexo, é implantar manuais vitorianos para regerem a conduta sexual e amorosa, é impor um puritanismo retrógrado, é querer um direito para santos e anjos, e não para seres humanos, é calar os poetas, é concretizar a pior, mais cruel e mais profunda das censuras, é medir sentimentos com parâmetros lógico-formais e legalistas!

A prevalecerem as indevidas extensões e prolongamentos emprestados à indenizabilidade do dano moral, restará aos seres humanos, todos eles, andarem sempre munidos de máquinas de calcular, buscando em cada um de seus semelhantes um fonte de renda, vislumbrando em cada um o tão esperado cifrão que permitirá o pagamento das dívidas, o consumo ainda maior, o crescimento do patrimônio, o acúmulo de dinheiro e outros bens materiais.

Qualquer namoro terminará por originar dano moral. Em pouco tempo, os namorados não poderão mais olhar para pessoas de outro sexo, pois aí estará implementado requisito para pleitear dano moral por parte daquele que, alegadamente, muito sofreu com o comportamento do acompanhante, na medida em que teria havido desrespeito pela possibilidade de que o olhar significasse desejo pelo outro. Mais um passo e o namorado não poderá olhar para ninguém, ainda que do mesmo sexo, pois perpassará a suspeita de desrespeitoso interesse homossexual.

Está havendo, no campo do dano moral, o mesmo censurável excesso dinheirista que começou a impregnar a união estável. Por qualquer namoro breve já se considera configurada a união estável, com todas as seqüelas dela derivadas, dentro do tratamento praticamente igual ao casamento que vem recebendo.

Já se pediu e se obteve indenização por suposto dano moral decorrente de acidente de trânsito com danos apenas materiais! É ao que leva o excesso no pedir e no conceder estas reparações. Se acidente de trânsito produz incômodo – e não há dúvida de que produz –, toda a cobrança de uma nota promissória, de uma letra de câmbio, de uma duplicata, de um cheque, também produz. Então, daí segue que todas estas cobranças passarão a ser cumuladas com dano moral. E assim por diante, entra-se no reinado, no império, totalitário e ditatorial do dano moral. Encontrões na rua levarão a solicitações de dano moral. Olhares fixos e firmes conduzirão ao mesmo fim, pois quem deles for "vítima" suscitará ter ficado abalado emocionalmente com a dureza do dito olhar. A humanidade passou a ser formada por seres com a sensibilidade à flor da pele e da mais quebradiça fragilidade. E nada mais restará a não ser o dano moral. Os profetas do apocalipse não mais irão assustar com previsões sobre o fim dos tempos, mas lhes bastará, para aterrorizar, anunciar a chegada do dano moral e seus corolários.

A relação erótico-afetiva, em qualquer modalidade (encontro rápido, namoro, amantes, companheiros, concubinos, conviventes, casados, etc.) etc) é sujeita a óbvios, previsíveis, naturais e inevitáveis dissabores, que lhe dão vida, lhe dão tempero, lhe dão vibração, lhe fornecem emoção, lhe conferem sentimento, a afastam da rotina. O amor e o ódio estão sempre relacionados; tanto que o contrário do amor não é o ódio, mas sim a indiferença.

O próprio Yussef Said Cahali, apesar de aceitar a doutrina pela indenização do dano moral por infração de dever do casamento, disserta que não é o entendimento dominante em nosso país.[222] Ademais, reconhece que as legislações são omissas a respeito, e que a doutrina discrepa sobre o tema.[223] Ao citar doutrinadores que acatam a indenizabilidade, exemplifica com peculiaridades relevantíssimas, como a de se exigir uma convivência "martirizante",[224] isto é, somente conduta de extrema gravidade levaria ao ressarcimento.

É lamentável que até no campo da indenização do dano moral se esteja tentando imitar os Estados Unidos. É preciso levar em conta que aquele país, ao lado de suas qualidades positivas, vive sob uma dominação negativa excessiva do elemento monetário e a partir daí sofre sérias con-

---

[222] Ob. cit. sobre *Dano Moral*, p. 666.

[223] Idem, p. 671 e 672. Juan Bibiloni, Guillermo Borda, Jorge Llambías, rejeitam o ressarcimento do dano moral.

[224] Idem, p. 673, em opinião de Antonio Jeová Santos.

Estudos de DIREITO DE FAMÍLIA

seqüências no plano social e humano. Dificilmente o valor da solidariedade convive bem com os excessos monetarizantes (entendida esta expressão não em seu significado técnico econômico-financeiro, mas sim como indevida invasão do plano moral pelo elemento monetário).

Em um momento em que se proclama o amor como ponto central e alicerce do novo Direito de Família, buscando afastar a prevalência do aspecto patrimonial. seria incoerente admitir a mensuração de sentimentos e impulsos eróticos através do dinheiro.

Pedro Luiz Netto Lôbo[225] sabiamente mostra como a patrimonialização das relações civis é incompatível com os valores fundados na dignidade da pessoa humana, adotados pelas constituições modernas. Aponta como a tendência é pela repersonalização do direito civil.

Uma certa modalidade de moralismo hipócrita ou retrógrado puritanismo vitoriano está, a par dos interesses puramente financeiros, bastante feliz com o desfraldar da cruzada pela conduta exemplar (sob que ótica?...), não pecaminosa e de angelical pureza nas relações eróticos-afetivas...

Os excessos e demasias no pleitear de danos morais ficou bem estampado em voto vencido da lavra do Des. José Carlos Varanda, proferido como integrante do 9° Grupo de Câmaras Cíveis do Tribunal de Justiça do Rio de Janeiro.[226] Tratava-se de problema relacionado com impossibilidade de embarque em avião. Em seu voto, o Des. José Carlos Varanda trouxe à colação matéria jornalística, estampada no Jornal O Globo, de 28.12.97, pág. 38, da autoria de Silio Bocanera. É de ser reproduzido o artigo do conhecido jornalista, pois bem resume os lamentáveis exageros cometidos no campo do dano moral:

"Ninguém ganha dos americanos na mania de brigar nos tribunais por qualquer motivo. Bobeou, o ianque quer processar o vizinho que faz barulho, o médico que não cura, o patrão que não o promove por ser feio, gordo, careca, ter mau hálito ou pertencer ao sexo errado. Houve até a história (verídica, não folclore) do nova-iorquino que tentou suicídio, jogando-se embaixo do trem que se aproximava da estação. Sobreviveu ao impacto e processou a companhia de transporte pela negligência de ter deixado que ele pulasse à frente do trem. Ganhou a causa e faturou uma bolada.

Conheci pessoalmente em Albuquerque, Novo México, a filha de uma senhora que processou o MacDonald's local quando ela mesma derramou café no colo. A bebida estava quente, a senhora queimou a perna e

---

[225] Artigo sob o título Constitucionalização do Direito Civil, publicado em *Revista de Informação Legislativa*, n° 141, de jan/março de 1999, p. 99.

[226] Eap. 369/99, sendo Relator a Desa. Cássia Medeiros, com acórdão publicado em 11.04.200. Fonte: COAD, ADV Informativo, boletim semanal n° 29/2000, p. 463.

processou a lanchonete por esquentar demais o café. Não adiantou o restaurante explicar que os clientes exigem o produto quente. A reclamada levou US$ 4 milhões, contou-me a filha entusiasmada.

O medo de processo gera uma corrida às companhias de seguro, a fim de comprar apólices que cubram os riscos mais diversos. Uma conseqüência infeliz é o aumento de custos dos serviços, pois quem compra o seguro repassa o gasto a terceiros, geralmente o consumidor.

É o caso de médicos, por exemplo, que pagam fortunas para estar cobertos por seguro caso os pacientes os processem. A despesa adicional acaba influenciando o preço da consulta ou do tratamento, sempre caros nos Estados Unidos.

A Europa começa a exibir manifestações de febre americana do litígio, com seus exemplos excêntricos. Além dos casos relatados acima, houve o episódio de prisioneiros em Manchester, na Inglaterra, que processaram o serviço de prisões, alegando que ficaram "mentalmente traumatizados" com uma rebelião na penitenciária.

Durante a revolta, no início da década, os manifestantes subiram ao telhado, lançaram paus e pedras nos guardas, queimaram colchões. Um prisioneiro morreu no confronto, mas, no geral, a polícia manteve a calma, não engrossou e preferiu esperar a revolta se esvaziar com o passar do tempo, o que acabou ocorrendo após três semanas.

Sete dos prisioneiros que participaram da rebelião entraram na justiça reclamando do trauma, e o serviço de prisões preferiu evitar um processo arrastado (os prisioneiros não tinham pressa nem muitos compromissos), fez um acordo e pagou o eqüivalente a US$ 10 mil a cada um; ou seja, o sujeito se rebela, agita, quebra e, depois, alega que toda essa movimentação o deixou mentalmente abalado. Entra na justiça e leva boa indenização.

Seria curioso saber o que pensam disso os hóspedes de instituições como Carandiru ou Bangu.

Uma dona de casa israelense, três filhos, moradora de Haifa, está exigindo o eqüivalente a mil reais do responsável pela previsão do tempo no Canal 2 da televisão local, porque o meteorologista prometeu sol e calor para o dia, ela acreditou e vestiu roupas leves, mas a temperatura caiu, choveu e ela pegou resfriado.

O caso do dançarino que escorregou e quebrou a perna no País de Gales também é inusitado. Ele dançava um samba com a mulher, o que já é atividade arriscada para não-brasileiros, mas alegou no litígio que a Prefeitura Swansee foi negligente ao encerar demais o chão do auditório público. Ganhou a causa e levou para casa o eqüivalente a US$20 mil como indenização.

A prostituta processada na França tentou defender num tribunal de Nancy seu desempenho profissional e um cachê eqüivalente a US$ 40 (a vida na França anda barata). Lembrou que o cliente tinha 70 anos e que o fracasso dela em levantar o moral do cidadão não ocorreu por falta de esforço. Alegou que fez uso de 'todos os meios à disposição', mas o cliente não respondeu à altura do desafio e, em vez de procurar psicanalista, contratou advogado. O processo continua."

Noticiário da imprensa refere que estão sendo feitas propostas de modificação do novo Código Civil, visando a prever ressarcimento por dano moral em hipóteses como infidelidade conjugal, negativa de relações sexuais, ausência de visitas dos filhos para os pais e vice-versa, etc.

Com todo o respeito, é manifesta a infelicidade das propostas, que se inserem nos excessos de repatrimonialização do Direito de Família.

Exemplos tragicômicos: a) impor ao cônjuge infiel a "obrigação" de comunicar ao parceiro ato eventual de adultério, destruindo o casamento que poderia se manter. b) O pai que visitaria o filho, e vice-versa, apenas por medo de ser réu em ação indenizatória por dano moral. Não seria pior para o filho, ou para o pai, ter uma atenção paterna ou filial falsa e forçada?! c) O cônjuge fazendo amor sob ameaça de indenização... E assim por diante.

Quando imaginariam os talibãs que, em nome da moeda, e não da religião, seus objetivos de controle da conduta erótico-afetiva seriam alcançados.

4.4. A jurisprudência

Adiantei que os tribunais brasileiros não vêm recebendo com simpatia as postulações de indenização por dano moral no plano erótico-afetivo.

Cabe reflexão sobre se não é assim porque os tribunais estão mais próximos do drama humano do que os doutrinadores, que redigem em gabinetes isolados, apenas cercados pelo livros, muitos destes estrangeiros. Exemplo típico desta asserção está na famosa súmula 379 do Supremo Tribunal Federal. Todos que conhecem um pouco de Direito de Família sabem que a doutrina nacional, de forma uníssona, era e é pela renunciabilidade dos alimentos entre cônjuges. No entanto, os tribunais, em sua maior parte, resolviam diferentemente e isto acarretou a aludida súmula! Por que tamanha discrepância? A meu pensar, porque é fácil, raciocinando com categorias jurídicas de lógica formal e método racional-dedutivo, demonstrar, matematicamente, que os alimentos entre marido e mulher devem ser renunciáveis. Porém, a realidade humana e social recomendava a irrenunciabilidade (e em minha modesta maneira de ver, ainda recomenda, com toda a vênia do Superior Tribunal de Justiça), pois que muitas mulheres renunciam aos alimentos porque espancadas, porque ameaçadas de morte, porque ludibriadas, ou todos estes fatores conjugados, e, muitas vezes, não há como provar estes eventos. Os juízes e tribunais, em geral, sabem disto, mas nem sempre o doutrinador o sabe. O caso da súmula 379 é apenas um exemplo entre muitos outros.

Vejamos alguns acórdãos

O Tribunal de Justiça do Rio Grande do Sul decidiu que a quebra do dever de fidelidade não gera indenização: RT 752/344. A deliberação foi unânime, e participaram do julgamento expoentes da Magistratura gaúcha e nacional, quais sejam, a Desembargadora Maria Berenice Dias e os Desembargadores Eliseu Gomes Torres (relator) e Sérgio Fernando de Vasconcellos Chaves. Constou da ementa: *"A quebra de um dos deveres inerentes à união estável, a fidelidade, não gera o dever de indenizar, nem a quem o quebra, um dos conviventes, e, menos ainda, a um terceiro que não integra o contrato existente e que é, em relação a este, parte alheia"*. O voto do Eminente Relator contém trechos brilhantes e que merecem reprodução, como, por exemplo:

"O sentimento que deve unir duas pessoas, que encetam uma união – casamento ou união estável – deve ser sempre o amor. Há, é certo, outros: interesse econômico, paixão carnal, vantagens profissionais, mas o sentimento prevalente e nobre a presidir tudo é o amor. Cessado este, a manutenção da união é mera questão temporal.

Quando o amor cessa, uma das conseqüências inevitáveis é a separação. No casamento como na união estável, a separação é mais do que uma possibilidade. Não fosse assim, não haveria na lei a expressa previsão da separação judicial e do divórcio. A separação está para o casamento (e para a união estável) como a morte está para a vida.

Da inicial, infere-se que o autor sente-se moralmente diminuído porque a mulher o traiu com um de seus amigos e companheiro de festas. É a velha questão do macho ferido que confunde sua honra com a da companheira. Só que, antanho, o macho vingava-se matando a mulher amada ou seu parceiro. Hoje, o traído quer reparação financeira para a honra ferida. No fundo de tudo, mais do que a intenção do ressarcimento, o que emana destes autos é o ciúme. Não há como deixar de lembrar as palavras de Shakespeare, Otelo, Ato III, na fala de Iago:
'Meu senhor, livrai-nos do ciúme,
É um monstro de olhos verdes, que
Escarnece do próprio pasto de que
Se alimenta (...)'

Estudos de DIREITO DE FAMÍLIA

Somente o monstro de olhos verdes poderia alimentar esta demanda. ... Mesmo que, 'ad argumentandum, se reconhecesse a existência de união estável, tenho que a quebra de um dos deveres inerentes a ela – a fidelidade – não gera o dever de indenizar. Nem a quem o quebra – um dos conviventes – e menos, ainda, a um terceiro que não integra o contrato existente e que é, em relação a este, parte alheia".

A situação em nada se compara com decisão do Tribunal de Justiça de São Paulo, que admitiu o prosseguimento de uma ação indenizatória promovida por mulher abandonada pelo companheiro depois de ela aparecer grávida, ter perdido o emprego, e, como seqüela, ter abortado involuntariamente[227]! Aqui sim se reuniram fatos de extrema gravidade, capazes de autorizar a indenização do dano moral.

O Tribunal de Justiça do Rio Grande do Sul resolveu que *"Não tem o filho pretensão para haver do pai, após o reconhecimento forçado da paternidade, indenização pelas privações sofridas em virtude da negligência deste, a título de dano moral, porque a condição de filho, que baseia a demanda, é efeito da investigação acolhida"*.[228] A votação foi unânime, e atuou como Relator o Ilustre Jurista, de nomeada nacional, Araken de Assis.

O Tribunal de Justiça do Rio Grande do Sul, em outro memorável julgamento,[229] por unanimidade, negou danos morais em caso de pedido de anulação de escritura pública revogatória de adoção. O autor da demanda alegou que a adoção teve o escopo de acobertar relação homossexual entre ele e o réu. Sobre a postulação de danos morais, assim se pronunciou o Relator, Preclaro Des. José Carlos Teixeira Giorgis:

"Também no que pertine ao pedido de indenização por dano moral, qualquer prova que se lograsse produzir não abalaria o decisório impugnado. É bem de ver que o dano alegado teria origem no relacionamento mantido entre autor e réu, tenha assumido ele natureza afetiva, como sói acontecer nas hipóteses de adoção, tenha ele adquirido contornos de homossexualidade. *Ora, eventuais seqüelas psicológicas resultantes do término dos relacionamentos humanos, sejam eles heterossexuais, homossexuais ou simplesmente decorrentes de uma adoção, não ensejam a pretendida indenização, sendo computadas como conseqüências admissíveis dentro do contexto fático em que foram geradas"*.[230]

---

[227] RT 765/191.

[228] RT 737/390.

[229] RJTJRGS 190/382.

[230] Destaque feito por quem subscreve o presente texto.

No boletim do COAD correspondente ao ADV Informativo n° 40/99, na pág. 645, aparece acórdão do TJRJ que resolveu no sentido de que eventual descumprimento dos deveres do casamento não se resolve em perdas e danos.[231] Obtido o inteiro teor do acórdão, cumpre emprestar relevo a argumentos relevantíssimos, excelentemente versados pelo Nobre Relator:

"... parece razoável que a pretensão indenizatória, como deduzida pela apelante, não pode ser solucionada com fundamento nas regras próprias das simples obrigações, como se pretende. O eventual descumprimento dos deveres do casamento não se resolve em perdas e danos, como nas obrigações, porque dá ensejo à separação judicial e posterior divórcio, figuras do Direito de Família, que já trazem em si sanções outras, específicas, em detrimento do cônjuge declarado culpado, tais como: a mesma declaração de culpa, a obrigação ou a exoneração de prestar alimentos, a obrigação de partilhar os bens, conforme o regime de casamento, a perda da guarda dos filhos, a perda do direito de usar o nome do cônjuge varão.[232] Sanções estas que, a não ser para os espíritos essencialmente materialistas, são mais eficazes para reparar os danos imateriais da cônjuge inocente do que a compensação do dano moral, que se pretende fazer com uma certa soma em dinheiro, em outras situações, convenhamos".

O mesmo Tribunal de Justiça do Rio de Janeiro também deliberou que não há dano moral em rompimento de relação amorosa extraconjugal.[233]

Outro exemplo da sapiência jurisprudencial surgiu em acórdão do Tribunal de Justiça de São Paulo, através de sua 3ª Câmara de Direito Privado, em julgamento unânime, sendo Relator o Des. Ênio Santarelli,[234] oportunidade em que se negou indenização por dano moral para mulher que se envolveu como homem casado e veio a ter sério conflito com a esposa deste. O Tribunal entendeu que não poderia a amante reclamar da concorrente reação comedida ou refinada... Teve a Corte paulista a sensibilidade para o drama humano, para a inevitabilidade aceitável de tais ações e reações, que só seriam eliminadas se se eliminasse o que há de humano no ser humano ou se transformasse a humanidade em um bando

---

[231] Apelação cível n° 14.156/98, julgada pela 14ª Câmara Cível, sendo Relator o Des. Marlan Marinho, com acórdão publicado em 6.09.99.

[232] Esta última penalidade, com toda a vênia, não pode permanecer no direito pátrio, pois contraria a igualdade dos cônjuges, contemplada na Constituição Federal de 1988.

[233] Boletim IOB n° 24/95, pág. 381, item 11531.

[234] Apelação cível n° 82.002-4/4. Fonte: COAD-ADV, Informativo, boletim semanal n° 35/2000, p. 551.

Estudos de DIREITO DE FAMÍLIA

de robôs ou autômatos, sem afeto, sem sentimentos, sem erotismo, sem sexo, sem desejos. Humanidade asséptica, que só poderia não ser limpa, inodora, insossa, insípida, etc, quando quisesse ser menos desinfetada pelo gosto de ganhar dinheiro a custa dos outros sob qualquer pretexto.

4.5. Arrazoado final e conclusão

A sapiência popular e profissional indicam como a idéia da ressarcibilidade do dano moral por infração de dever do casamento não encontrou ressonância em nossas valorações nacionais. É extraordinária a dificuldade em localizar algum acórdão que tenha deferido esta espécie de indenização ou que a tenha negado, ou seja, tais postulações não vêm sendo sequer postas em juízo. Na verdade, muitos encaram como uma postulação não embasada pela moralidade, mas senão que uma forma de buscar indevido ganho financeiro. Esta fortíssima tendência socioaxiológica deve ser levada em conta pelos tribunais, pois que o direito, dentro da predominante teoria tridimensional, é fato, é valor e é norma, em tríade indecomponível. Não há direito onde se exclua o elemento fático (sociológico) e o dado valorativo (axiológico), consoante Miguel Reale.[235] Erro grave é desconhecer os fatos sociais e os valores de determinada coletividade. Inolvidável a advertência de Miguel Reale:[236] *"É por isso, aliás, que a Jurisprudência, apesar de possuir categorias lógicas universais e uma linguagem que acomuna os juristas de todo o mundo, não pode nem deve prescindir das características e das circunstâncias de cada povo, pois o Direito é experiência social concreta, processo vital que obedece a motivos peculiares a cada Nação, e não fruto arbitrário das construções legislativas"*.

Um Direito universal, sem liames históricos, nem laços tradicionais, é pretensão só compreensível nos quadros de uma teoria panlogística, que esvazie o Direito de seu conteúdo estimativo, como se uma regra jurídica pudesse significar algo erradicada do meio social a que se destina.

Quer no momento da feitura da lei, quer no da construção e da sistematização dogmática, o Direito não poderá deixar de ser compreendido senão como realidade histórico-cultural, de tal sorte que não será exagero proclamar-se marcando bem a posição de nossa disciplina: – pontes e arranha-céus podem construí-los engenheiros de todas as procedências; mas o Direito só o poderá interpretar e realizar com autenticidade quem se integrar na peculiaridade de nossas circunstâncias".

---

[235] *Filosofia do Direito*. 4ª ed. São Paulo: Saraiva, 1965, p. 433 a 614.
[236] Ob. cit., p. 504 e 505.

Borda e Llambías, em seus Tratados,[237] verberam contra a espécie de ressarcimento de dano moral, pois que não contemplada em lei e porque fere a sensibilidade.

É possível demonstrar que a indenização por dano moral, decorrente de violação de dever do casamento (por extensão, da união estável), é inviável em nosso sistema jurídico. Cumpre lembrar que, na hermenêutica moderna, prevalece a exegese sistemática.[238] Ora, o sistema jurídico-positivo pátrio sanciona o infrator com a penosíssima condenação como cônjuge culpado, que, além de bastante afetar moralmente, implica as conseqüências gravíssimas de perda do direito à guarda dos filhos e perda do direito a alimentos! Pois bem, não há que acrescentar a isto, sem lei explícita, mais uma sanção, qual seja a indenização por dano moral! Portanto, sistematicamente, comprova-se que não sobra espaço para cogitar da reparabilidade por alegado dano moral oriundo de infração de dever do casamento.

Isto sem falar que a tendência moderna, cada vez mais forte, é afastar a idéia de culpa na ruptura do casamento ou da união estável, com base nos ensinamentos psicológicos e psiquiátricos de que a culpa é recíproca, ainda que, exteriormente, possa, de forma aparente, ser imputada mais a um dos cônjuges ou conviventes. Se a idéia mais avançada é elidir a consideração de culpa, menos base haveria para se cogitar do ressarcimento por dano moral.

A Desembargadora Maria Berenice Dias, do Tribunal de Justiça do Rio Grande do Sul, reconhecida especialista em assuntos de Direito de Família, escreveu artigo jornalístico sobre o tema, publicado em Zero Hora de 7 de janeiro de 2002, na p. 11, no qual mostra sua desconformidade com a tese de dano moral em ruptura do vínculo matrimonial. O título de seu texto é bastante significativo: "Amor tem preço?". Após sábias ponderações, conclui ela: "*Assim se revela de todo descabida e retrógrada a tentativa de inserir na lei obrigações de caráter indenizatório pelo fim do afeto, pois muitas vezes o desenlace do casamento é o melhor caminho para a felicidade*".

O aburguesamento e aviltamento das relações erótico-afetivas não haverão de precisar de um Friedrich Nietzsche para combatê-los. Seria um remédio por demais arriscado... As bases e características do Direito de

---

[237] Eduardo Zannoni. *Derecho Civil – Derecho de Família*. Tomo 2, 2ª ed. Buenos Aires: Astra de Alfredo e Ricardo Depalma, 1993, p. 214.

[238] Juarez Freitas. *A Interpretação Sistemática do Direito*. São Paulo: Malheiros, 1995. De outra parte, Claus-Wilhelm Canaris. *Pensamento Sistemático e Conceito de Sistema na Ciência do Direito – Systemdenken und Systembegriff in der Jurisprudenz*. Lisboa: Fundação Calouste Gulbenkian, 1989, p. 280, define o sistema jurídico como "ordem axiológica ou teleológica de princípios jurídicos gerais".

Estudos de DIREITO DE FAMÍLIA

Família moderno oferecem argumentos de sobra para enfrentar a invasão monetária, radicadas que estão na revalorização dos vínculos afetivos, na sinceridade, na igualdade, na liberdade e na solidariedade das relações entre as pessoas.

Espera-se que continue prevalecendo a atual tendência jurisprudencial, de molde a que se preserve pelo menos o campo erótico-afetivo dos interesses monetários e gananciosos, deixando ali atuar o que lhe é peculiar, essencial e ontológico, ou seja, o sentimento, a emoção, o amor, a surpresa afetiva, o direito à instabilidade, o impulso erótico-sexual, o desejo, ou seja, aquela parte da vida que não pode ficar aprisionada a esquemas lógico-formais, racionais e de tabelamento financeiro. Ou querem os juristas terminar com a arte, com a paixão, com o amor? E por certo não terminariam apenas com a poesia! Terminariam também com o que há de mais humano no ser humano.

5. A igualdade dos cônjuges: novas considerações

5.1. Introdução

No Capítulo III, quando expus a repercussão das modernas tendências do direito de família no sistema brasileiro, teci observações sobre a igualdade dos cônjuges, inclusive quanto ao Código Civil de 2002. Retorno ao assunto, para aprofundá-lo em alguns pontos. Aceita a igualdade completa dos cônjuges, em termos legais, cabe examinar peculiaridades que surgem e que exigem maior meditação.

Aproveito para esclarecer que, a partir do presente capítulo, passarei a analisar as matérias em conformidade com a seqüência em que aparecem no novo Código Civil. As questões agora versadas têm a ver com o Livro IV, Título I, Subtítulo I, Capítulo IX, do Código Civil de 2002.

5.2. Sobre uma compreensão razoável da igualdade dos cônjuges

5.2.1. O foro privilegiado

O art. 100, inciso I, do Código de Processo Civil, dispõe que é competente o foro da residência da mulher para a ação de separação dos cônjuges e a conversão desta em divórcio e para a anulação de casamento. Estaria esta norma violando a igualdade constitucional (arts. 5°, I, e 226, § 5°, da Constituição Federal)? O tema, naturalmente, é polêmico, mas minha resposta é negativa. Raciocinarei no sentido de que, apesar da igualdade entre marido e mulher e da igualdade geral de homem e mulher no sistema legal, não pode desaparecer a mentalidade judiciária de manter cautelas em relação à parte mais fraca. Tentarei argumentar que não há incoerência desta asserção com a tese da igualdade jurídica. Neste item, fixar-me-ei no foro privilegiado; no item seguinte, generalizarei a preocupação protetiva.

Estudos de DIREITO DE FAMÍLIA

Sobre o foro privilegiado, vêm aparecendo julgados que o mantém.[239]

Os acórdãos citados dão relevo ao argumento de que o privilégio de foro deve prosseguir porque assim se compensa um pouco a superioridade socioeconômica do homem. A questão central é esta: a regra de privilégio de foro não desobedece à CF, porque não tem por objetivo, na verdade, desigualar homem e mulher, mas sim reduzir a desigualdade socioeconômica, isto é, tem por finalidade dar alguma proteção à mulher. E nem há risco de injustiça no caso concreto, pois se for apurado que o homem é a parte fraca, simplesmente não se aplica a norma processual. É preciso perceber a finalidade daquela norma, que é proteger a parte presumidamente mais fraca. Inexistente esta fragilidade, afasta-se o privilégio. A operação é lícita, na medida em que se cogita de competência territorial ou de foro, que é competência relativa. É uma situação especial dentro da idéia de que deve continuar a preocupação protetiva da mulher, idéia esta a seguir desenvolvida.

5.2.2. A proteção à mulher no caso concreto, como um cuidado que deve permanecer. Precauções em relação ao discurso protetivo

Intérpretes e aplicadores da lei devem evitar que a igualdade constitucional se transforme em resultado negativo e pernicioso para a mulher, em face de uma concreta situação, em muitos casos, de real inferioridade feminina. É o resguardo da justiça tópica.

Basta a sapiência na exegese das normas. A igualdade legal dos cônjuges é imprescindível, como maneira para efetivar a igualdade feminina em termos globais, como forma de a mulher ser mais respeitada, menos humilhada, menos maltratada, menos lesionada, moral e fisicamente, mais considerada, além de servir para que ela se eduque, se conscientize, se anime, tenha maiores esperanças, queira um papel mais ativo na condução dos destinos da família e da coletividade. Porém, sendo por demais sabido que a realidade social, em milhões de casos, permite detectar a mulher ainda desamparada, fraca, subordinada, influenciável, enganável, amedrontável, submissa, e como esta realidade não mudará de um momento para o outro, razoável que, no instante de aplicar a lei ao caso concreto, leve o operador jurídico em conta estas circunstâncias, mantendo diretrizes axiológicas de proteção à mulher. Em nada se estará – insisto e repito – incidindo em contradição, querendo pôr a mulher em posição de superioridade. Somente se quer a ponderação dos dados fáticos no instante

---

[239] Boletim IOB de Jurisprudência, n° 19/91, p. 407, item 3/6084; b) RJTJRGS 147/308; c) RT 672/95; d) Boletim ADV-COAD n° 47/91, p. 747, item 53368.

de fazer valer a igualdade legal. Se assim não for feito, em muitas hipóteses o que veio para favorecer a mulher poderá terminar por prejudicá-la, contrariando o sentido profundo e o escopo do texto normativo da Lei Maior e do Código Civil. O que não se pode é lidar com as realidades sociais desfavoráveis à mulher para piorar ainda mais sua condição.

Vejamos um exemplo paradigmático: o verbete nº 379 da Súmula do STF. Como é de conhecimento geral, foi ele formulado contra a opinião contrária unânime da doutrina. Manifesto o descompasso entre o doutrinador, tantas vezes construindo teses em gabinete, e a visão do juiz, em contato permanente com o drama humano. Por que os tribunais insistiram na irrenunciabilidade dos alimentos,[240] contra toda a doutrina? E ninguém ignora que o verbete se destinou a amparar a mulher, mesmo que não distinguisse entre os sexos. Porque as mulheres, em muitas vezes, renunciavam aos alimentos, na separação judicial consensual, mediante ameaças de morte, agressões físicas e vigarice.

Claro que todo o cuidado é pouco ao se enunciar a finalidade de proteger as mulheres. Aquelas já independentes cultural e economicamente não apreciam a preocupação protetiva, pois pode esta ocultar intenções masculinas dominadoras, acobertando uma retórica machista. Falar em proteger pode embutir a idéia de situar a mulher como ser predestinado a ser frágil, e, portanto, quem sabe condenada a ser para sempre inferiorizada. Sei desta perturbação no uso das palavras, o que é inevitável na comunicação entre seres humanos, quando os mesmos vocábulos podem permitir se transmitam diferentes conteúdos. O único remédio consiste em tentar atinar com as verdadeiras intenções do emissor da mensagem, para desmascará-lo, se for o caso.

Excelente que muitas mulheres dispensem qualquer proteção de quem quer que seja! Que cada vez mais cresça o número das que atingiram este estágio e que elas batalhem para que as mulheres subjugadas deixem de sê-lo. Mas não se desconhece que milhões de mulheres não alcançaram o necessário e desejável nível de independência, e estas, além de auxiliadas pela igualdade legal, precisam prosseguir sendo objeto de uma mentalidade que tente resguardá-las do domínio masculino. Se assim não for feito, por muito tempo a igualdade jurídica pode ter resultados piores para aqueles milhões de mulheres.

Só mediante o reconhecimento da imprescindibilidade de serem protegidas as mulheres mais fracas, apesar da igualdade jurídica, é que se faz

---

[240] Forçoso reconhecer que esta orientação refluiu depois da igualdade constitucional, a ponto de o STJ ter se pronunciado pela renunciabilidade dos alimentos na separação amigável. Com o novo Código Civil, o problema retornou em cheio, diante do art. 1.707, que proíbe a renúncia em quaisquer casos.

Estudos de DIREITO DE FAMÍLIA

a norma constitucional concretizar seu desiderato verdadeiro e profundo, destinado a beneficiar o mundo feminino. Só assim se perfectibilizam os dados axiológicos que orientaram a feitura daquele texto da Lei Maior.

Normal e inerente ao direito a preocupação com os mais fracos, sem que isto implique parcialidade. A imparcialidade é em relação às pessoas, e não quanto aos valores. Muito comum o direito proteger o fraco contra o forte, como diz Clóvis Beviláqua, ao fundamentar a proibição do pacto comissório.[241] A própria lei positiva o ordena, quando impõe regras de proteção à parte mais fraca ou mais necessitada, em normas que claramente constituem um princípio, capaz de atingir todo o sistema jurídico, que não é formado por compartimentos estanques. Exemplos: a) O Código de Defesa do Consumidor (Lei n° 8.078, de 11.09.1990), quando, em seus arts. 4°, inciso I, e 6°, inciso VIII, expressamente reconhece o consumidor como a parte mais fraca na relação de consumo e ordena inversão do ônus da prova em seu favor; b) as normas que asseguram a preferência do crédito trabalhista, nos concursos de credores; c) o permissivo constitucional de prisão para os que não cumprem obrigação alimentar; d) os preceitos de gratuidade de justiça para os que não podem arcar com honorários advocatícios e despesas processuais; e) as normas constitucionais referentes ao usucapião especial urbano e rural, com prazos curtos de aquisição da propriedade, prestigiando o possuidor em detrimento do proprietário; f) a lei de impenhorabilidade de imóvel residencial e móveis que o guarnecem; g) as tradicionais medidas legais de resguardo da locação residencial. Ademais, consagradas construções doutrinárias e jurisprudenciais tiveram como base a cautela com a parte mais frágil, pelo menos dentro de determinada relação negocial, como sucede com a teoria dos contratos de adesão, com as teorias da desconsideração da personalidade jurídica e da aparência, entre tantas outras.

5.3. O problema da forma de ser exercitada a igualdade entre marido e mulher

Como último tópico destas meditações, analiso assunto que se mostra mais complexo: saber se a igualdade é entendida como obrigatoriedade de ambos exercerem conjuntamente os atos que interessarem ao grupamento familiar ou se significa que cada um pode exercê-los separadamente (evidente que a dificuldade não existe quando a lei explicitamente quer a presença de ambos!). O problema se pôs desde a Constituição Federal de

---

[241] Arnaldo Rizzardo. *Contratos de crédito bancário.* São Paulo: RT, 1990, p. 251.

1988 e se mantém com o novo Código Civil, pois este não possui norma explícita sobre a matéria.

A questão é difícil teoricamente, não estando a merecer a devida atenção doutrinária. Forçoso, contudo, admitir que na prática não suscita maiores indagações, quadro que pode se modificar a qualquer instante, com a grave conseqüência de pedidos de invalidação de atos praticados por um só dos cônjuges.

João Baptista Villela e Segismundo Gontijo[242] deram-se conta da dificuldade e souberam suscitá-la em sua real dimensão. Não pode ser tratada em poucas linhas e com generalidades.

Humberto Theodoro Júnior, antes do Código Civil de 2002, equacionou a indagação de molde a considerar que ambos os cônjuges se devam manifestar.[243] Jorge Franklin Alves Felipe[244] e Pedro Sampaio[245] ficaram com a mesma posição.

Mais correto, com toda a vênia, foi o rumo indicado por José de Farias Tavares,[246] quando disse: *"A chefia será, então, bipartida, para fazer-se valer perante terceiros, nunca, porém, entre os cônjuges, que a exercem em regime de co-gestão"*. Parece-me que a assertiva deste jurista pode ser interpretada como querendo dizer que não há obrigatoriedade, em regra, de ambos os cônjuges expressarem conjuntamente sua anuência para a prática dos atos de interesses da família, presumindo-se que a manifestação volitiva de um deles conta com a concordância do outro. O ato será válido, com o que se preservam os direitos de terceiros que se envolvam no mesmo.

Complemento a tese que considero correta acrescentando que o ato pode ser ineficaz no tocante ao cônjuge que na verdade não consentira com ele, podendo o prejudicado reagir juridicamente contra os efeitos que lhe alcançarem, sempre dentro da órbita de relações entre os cônjuges, e não no respeitante a terceiros. A regra geral é não ser reclamada cada vez a participação conjunta de marido e mulher. Antes do Código Civil de 2002 já defendi esta tese, para a qual abria duas exceções: a) a lei exigisse a presença de ambos os cônjuges (exemplo típico dos arts. 235 e 242 do

---

[242] Artigos publicados em *Direitos de família e do menor – inovações e tendências – doutrina e jurisprudência*, obra coletiva coordenada pelo Min. Sálvio de Figueiredo Teixeira. 3ª ed. Belo Horizonte: Del Rey Editora, 1993. O artigo de João Baptista intitula-se *Sobre a igualdade de direitos entre homem e mulher* e está nas p. 133 a 154 (trecho que interessa: p. 147). O artigo de Gontijo denomina-se *A igualdade conjugal* e encontra-se nas p. 155 a 172 (trecho que interessa: p. 165 e 166).

[243] Alguns impactos da nova ordem constitucional sobre o direito civil, artigo publicado pela *Revista da Faculdade de Direito da Universidade Federal de Uberlândia*, Uberlândia, 1991, 20/41. Trecho que interessa: p. 42.

[244] A nova Constituição e seus reflexos no direito de família, RF 304/94.

[245] *Alterações constitucionais nos direitos de família e sucessões*. Rio de Janeiro: Forense, 1990, p. 20.

[246] *O Código Civil e a nova Constituição*. Rio de Janeiro: Forense, 1990, p. 48.

Código Civil anterior); b) fosse da natureza de determinado instituto jurídico a necessidade de atuação de ambos os cônjuges, como na emancipação e na autorização para casamento de filho menor, quando a atuação unilateral teria o gravíssimo efeito de tirar o pátrio poder (hoje poder familiar) do outro.

O novo Código Civil parece facilitar a sustentação do caminho que reputo o mais acertado. Sempre que tem como indispensável a atuação conjunta dos cônjuges, ele é expresso a respeito; e o faz precisamente naquelas hipóteses mais sérias, em que era mesmo recomendável e até imprescindível a anuência de ambos. Cito artigos que apóiam este pensamento: a) art. 5°, parágrafo único, inciso I; b) 1.517, *caput*; c) 1.647; d) 1.663, §2°, 1.720; e) 1.729, *caput*. Ao contrário, o art. 1.642, inciso VI, estipula, de forma genérica, que qualquer dos cônjuges, isoladamente, pode *"praticar todos os atos que não lhes forem vedados expressamente"*.

A solução proposta guarda coerência sistemática com nosso ordenamento jurídico. Exemplo forte é dado pelo art. 11, inciso I, da Lei n° 8.245, de 18.10.1991: morrendo o locatário, a locação residencial prossegue com o cônjuge sobrevivente ou companheiro. Ora, se o cônjuge sobrevivente fica sub-rogado, é porque não estava obrigado a assinar o contrato de locação. Sendo o assunto de locação residencial um tema de extrema relevância humana e social, pois diz com a moradia, a habitação, o lar, ainda assim não hesita o legislador em não exigir presença de marido e mulher no contrato. O contrato de locação, mesmo com assinatura de um só dos cônjuges, será existente e válido, com o que os terceiros contratantes, presumidamente de boa-fé, não serão afetados pela falta daquela assinatura. Quando muito o contrato seria ineficaz no tocante ao cônjuge que não o firmou, pois não concordava com o imóvel escolhido. Este cônjuge discordante não estaria obrigado a aceitar a residência unilateralmente eleita pelo outro e poderia para ela não se mudar; se fosse acionado, em separação judicial litigiosa sanção, por abandono de lar, contestaria demonstrando que sua recusa foi embasada em razões sérias, tais como insalubridade e periculosidade do local escolhido pelo outro.

Outro exemplo forte da harmonia sistêmica trazida pela solução que proponho tem a ver com o art. 3° da Lei n° 4.121, de 27.08.1962, que permite seja título de dívida assinado por um só dos cônjuges, sem que com isto se torne inválido; apenas haverá ineficácia em relação ao que não assinou, se o débito não veio em benefício da família (requisito acrescentado pelos tribunais), o qual poderá valer-se de embargos de terceiro para livrar sua meação ou seus bens particulares. A combinação sistemática de normas prossegue se atentarmos para os arts. 1.663, §1°, 1.664 e 1.666 do novo Código Civil, com foco especial no segundo. Estes dispositivos estão em consonância com a tese de que em regra basta a manifestação de um dos cônjuges e também com o art. 3° do Estatuto da Mulher Casada, pois deixam claro que dívidas podem ser contraídas por um só dos cônjuges (não são inválidas se contraídas por um só), restando ao outro, se a obrigação não foi em benefício da família (falar em encargos de família, despesas de administração e despesas decorrentes de imposição legal é o mesmo que enumerar gastos que vêm em benefício da família), invocar ineficácia em relação a si próprio, de forma a excluir de eventual penhora pelo menos a meação dos bens da comunhão e os bens particulares.

A fórmula de exigir presença de só um dos cônjuges, salvo quando a lei dispuser diversamente, conta com argumentos consistentes, além dos que já foram referidos. Um deles reside em que deve ser evitada uma interpretação capaz de produzir enormes e prejudiciais demoras no desenvolvimento dos assuntos de interesse da família e dos cônjuges e no desenvolvimento dos negócios em geral na coletividade. Outro argumento é o de se impedir grande insegurança nas relações jurídicas, evitando fomentar mais e mais litígios. Não é acertado deixar de presumir a harmonia e a confiança recíproca entre os cônjuges, elementos de convivência que, se ausentes, tornam recomendável a não-permanência da união. Problemas entre cônjuges devem ser internos à família e dentro dela serem resolvidos, sem atingirem terceiros de boa-fé que negociem com o marido ou com a mulher. Não fosse assim, resultaria seqüela paralisante e retardadora da atividade gerencial e diretiva da família e da agilidade dos negócios em geral da sociedade. Se exigida fosse a presença de ambos os cônjuges em todos os atos, sempre que um só concordasse explicitamente ou assinasse, o outro poderia depois pretender a anulação do ato, com prejuízo dos terceiros de boa-fé. Não seria razoável interpretar a igualdade de molde a originar quantidade gigantesca de litígios, envolvendo terceiros de boa-fé que negociaram com um dos cônjuges. Os cônjuges é que devem, como regra, enfrentar as dificuldades oriundas de seus desencontros e desavenças, sem querer transferi-las a terceiros.

5.4. Conclusão

Em resumo, a fantástica e tardia conquista que significa a igualdade jurídica entre cônjuges – e por extensão entre os companheiros – deve ser prestigiada ao máximo, mas sem que isto implique desconhecer, em determinados casos concretos, a inferioridade econômico-social e cultural que ainda existe para muitas mulheres, quando cabe ao Poder Judiciário se preocupar com uma visão protetiva, sempre dentro de um discurso que não acoberte um machismo mais perigoso porque disfarçado.

Estudos de DIREITO DE FAMÍLIA

Por fim, deve ser buscado o equilíbrio entre a igualdade de homem e mulher e a fluidez da vida social, familiar e individual, assim como entre aquela igualdade e a defesa da boa-fé de terceiros que lidem com o casal, o que conduz à conclusão de que se deve aceitar como válido o ato praticado por um só dos cônjuges, ressalvada a hipótese de a lei expressamente exigir a anuência de ambos.

6. A imprescritibilidade das ações de Estado e a socioafetividade: repercussão do tema no pertinente aos arts. 1.601 e 1.614 do Código Civil

6.1. Introdução

O tema da filiação vem se apresentando, desde as alterações trazidas pela Constituição Federal de 1988, como o mais complexo e polêmico do Direito de Família. Boa parte dos manuais prefere contornar as dificuldades, repetindo antigas concepções. As inevitáveis e necessárias modificações em profundidade surgem, principalmente, através de algumas monografias, artigos e pela atuação jurisprudencial.

Com o evidente risco de equívocos, próprios de quem se aventura em searas tormentosas, quero alinhavar algumas idéias a respeito do aparente conflito entre a imprescritibilidade das ações de estado e o prestígio cada vez maior conferido à socioafetividade.

Isto implica considerações sobre dois dos mais importantes artigos referentes à filiação: artigos 1.601 e 1.614 do novo Código Civil.

Tentarei mostrar que a aceitação da socioafetividade, que se impõe, não é incoerente com a imprescritibilidade das ações de estado, consagrada pelo Código Civil de 2002. Também me esforçarei por demonstrar que o prazo de quatro anos do art. 1.614 tem a ver com rejeição *imotivada* da paternidade, com o que permanece imprescritível a ação do filho para averiguar a verdadeira paternidade biológica, quando fundamentada a sua reação (registro falso, por exemplo).

Estudos de DIREITO DE FAMÍLIA

6.2. Os critérios de estabelecimento da paternidade (maternidade) ou filiação:

Luiz Edson Fachin foi dos pioneiros em preconizar maior valorização da socioafetividade.[247] Distingue corretamente os três grandes critérios do direito ocidental para estabelecimento da paternidade (maternidade) ou filiação: critério da verdade legal, critério da verdade biológica e critério da verdade socioafetiva.[248] A última parte dá idéia de que a paternidade se constrói e recupera a noção de posse de estado de filho.[249]

Oportuno recordar que até a Constituição Federal de 1988 prevalecia o critério da verdade legal. Depois, a predominância foi para a verdade biológica. Nos últimos anos, cresce o movimento para se emprestar maior importância ao critério socioafetivo.

Caso exemplar e cotidiano de predominância do critério da verdade legal residia no art. 344 do Código Civil de 1916, quando impunha curtíssimos prazos decadenciais para afastar a ação negatória de paternidade. Note-se a diferença com a imprescritibilidade prevista no art. 1.601 do Código Civil em vigor, que, neste particular, prestigiou o critério da verdade biológica.[250] É sabido que o novo Código Civil não foi feliz ao deixar de reger mais explicitamente o critério socioafetivo.

As restrições à verdade biológica, postas pelo Código Civil de 1916, em seus arts. 339, 340, 344, tinham a ver com o interesse da paz doméstica, como ensina Silvio Rodrigues.[251] Note-se que a doutrina tradicional admitia atenuação ao critério da verdade legal, distinguindo, por exemplo, entre ação de contestação de paternidade (= negatória de paternidade) e ação de impugnação ou desconhecimento de paternidade. *"A primeira tem por objeto negar o status de filho ao que goza da presunção decorrente da concepção na constância do casamento. A segunda visa a negar do fato da própria concepção, ou provar a suposição de parto, e, por via de conseqüência, a condição de filho".*[252] Consoante Silvio Rodrigues, a ação de impugnação ou desconhecimento de paternidade tem lugar quando há falta de identidade entre a criança nascida da mulher e a pessoa que traz a condição de filho, quando há simulação de parto e quando existe falsidade ideológica ou instrumental do assento de nascimento. Esta ação não

---

[247] *Estabelecimento da filiação e paternidade presumida.* Porto Alegre: Sergio Fabris, 1992. E mais: *Da paternidade – relação biológica e afetiva.* Belo Horizonte: Livraria Del Rey Editora, 1996.

[248] *Estabelecimento da filiação e paternidade presumida*, obra já citada, p. 19 a 26.

[249] Idem, p. 23.

[250] Não o fez, porém, quando só atribuiu ao pai a legitimidade para propor a ação, assunto ao qual retornarei.

[251] *Instituições de Direito Civil.* Vol. V, 8ª ed. Rio de Janeiro: Forense, 1991, p. 180.

[252] Silvio Rodrigues, ob. e vol. cit., p. 180 e 181.

era privativa do marido e era imprescritível. Também era tida como imprescritível a denominada ação de vindicação de estado,[253] que cabia ao filho nascido na constância do casamento, quando lhe faltava ou lhe era negada a condição peculiar ao seu estado. Estas constatações evidenciam o que todos sabem: que as ações de estado são imprescritíveis (ou se preferir: não decaem), e só conhecem a decadência ou prescrição em caráter excepcional, quando a lei expressamente o determine (era o caso do art. 344 do Código Civil de 1916).

6.2.1 O critério da verdade socioafetiva

Como antes assinalado, cresce cada vez mais a relevância do critério da verdade socioafetiva. Pelo que há de mais novo nesta compreensão, reservarei espaço para versar sobre a matéria.

Sílvio de Salvo Venosa[254] disserta : *"Lembremos, porém, que a cada passo, nessa seara, sempre deverá ser levado em conta o aspecto afetivo, qual seja, a paternidade emocional, denominada socioafetiva pela doutrina, que em muitas oportunidades, como nos demonstra a experiência de tantos casos vividos ou conhecidos por todos nós, sobrepuja a paternidade biológica ou genética. A matéria é muito mais sociológica ou psicológica do que jurídica. Por essas razões, o juiz de família deve sempre estar atento a esses fatores, valendo-se, sempre que possível, dos profissionais auxiliares, especialistas nessas áreas"*.

Rosana Fachin[255] ensina: *"Sobressai a importância da engenharia genética no auxílio das investigações de paternidade; sem embargo dessa importante contribuição, é preciso equilibrar a verdade socioafetiva com a verdade de sangue. O filho é mais que um descendente genético e se revela numa relação construída no afeto cotidiano. Em determinados casos, a verdade biológica cede espeço à 'verdade do coração'. Na construção da nova família deve se procurar equilibrar essas duas vertentes, a relação biológica e a relação socioafetiva"*.

Jacqueline Filgueras Nogueira[256] preconiza que o sistema jurídico brasileiro deve ser explícito no tratamento da posse de estado de filho, uma vez que *"esta evidencia a verdadeira relação que deve estar presente entre pais e filhos, ou seja: concretiza os elementos essenciais da relação filial, como amor, afeto, carinho, cumplicidade, proteção..."*.

---

[253] Idem, p. 181 e 182.

[254] *Direito Civil – Direito de Família*. Vol. 6, 2ª ed. São Paulo: Atlas, 2002, p. 264.

[255] Da Filiação. *Artigo publicado em Direito de Família e o novo Código Civil*. Vários autores, com coordenação de Maria Berenice Dias e Rodrigo da Cunha Pereira. Belo Horizonte: Del Rey e IBDFAM, 2001, p. 120.

[256] *A Filiação que se constrói: o reconhecimento do afeto como valor jurídico*. São Paulo: Memória Jurídica Editora, 2001, p. 194.

Estudos de DIREITO DE FAMÍLIA

Julie Cristine Delinski[257] tem igual preocupação no sentido de que o nosso direito precisa ser claro no respeitante à significação da socioafetividade, pois vê-se que *"a afeição tem valor jurídico, que a maternidade ou paternidade biológica de nada valem diante do vínculo afetivo que se forma entre a criança e aquele que trata e cuida dela, que lhe dá amor e participa da sua vida"*.

Zeno Veloso,[258] analisando as reformas legislativas feitas no estrangeiro, mostra que *"A presunção de paternidade matrimonial foi mantida em todos os sistemas, sem exceção, embora tenham sido criados mecanismos para o seu afastamento e previstas as hipóteses em que a mesma cessa. Foi suprimido o monopólio do marido para impugnar a paternidade presumida. A velha regra 'pater is est não foi abolida, mas recebeu atenuações, foi relativizada. Inobstante todos os avanços e conquistas, o prestígio conferido à paternidade biológica, à paternidade real, em detrimento da paternidade jurídica (estabelecida pela presunção), não se admite que alguém se intitule genitor adulterino para, em nome próprio, com base nesta simples alegação, impugnar a paternidade presumida do marido da mãe, reconhecendo, depois, a paternidade natural (biológica, carnal). Priorizando-se os interesses da criança, o biologismo é contido quando se constata a posse do estado de filho diante do marido da mãe. Se coexistem a paternidade jurídica (estabelecida pela regra 'pater is est') e a paternidade afetiva, esta situação real e concreta em que se encontra o filho na família e na sociedade é barreira intransponível para que se introduza um questionamento nesta relação paterno-filial. A busca da verdade biológica, obviamente, tem de ter alguns limites, inclusive para garantir o que seja mais útil para a criança, para o seu equilíbrio psicológico, sua paz, tranqüilidade – enfim, o que seja melhor para o seu bem, para a sua felicidade"*.[259] Em apoio de suas asserções, o notável jurista traz ensinamento dos professores João Baptista Villela (famoso e precursor artigo sobre "Desbiologização da paternidade") e Eduardo de Oliveira Leite. Note-se que Zeno Veloso, em louvável contraponto, também assevera que, em face do princípio constitucional da igualdade entre os filhos, é direito destes, *"e direito fundamental, ter acesso a sua identidade, saber qual é a sua ascendência de sangue, conhecer sua procedência genética"*.[260]

Falando em direito estrangeiro, seria oportuno lembrar Florence Bellivier, Laurence Brunet e Catherine Labrusse-Riou,[261] quando querem

---

[257] *O novo direito da filiação*. São Paulo: Dialética, 1997, p. 96.

[258] *Direito brasileiro da filiação e paternidade*. São Paulo: Malheiros, 1997, p. 214 a 221.

[259] Ob. cit., p. 214.

[260] Ob. cit., p. 215.

[261] La filiation, la génétique et le juge: où est passée la loi? Artigo publicado em *Revue trimestrielle de droit civil*, Dalloz, julho-setembro 1999, n° 3, p. 559.

"conjurer les dangers culturels dune biologisation du droit et dune vision à la fois techniciste e naturaliste de la filiation, évinçant la considération des structures anthropologiques et des engagements humains qui façonnent le rapport des parents e des enfants, ...".

José Bernardo Ramos Boeira[262] refere interessante questão que propôs em concurso público para ingresso na carreira do Ministério Público do Rio Grande do Sul, quando indagou sobre a possibilidade de pedido de estabelecimento da filiação tendo como suporte fático a "posse de estado de filho". A partir daí, sustenta a aceitabilidade da reqüesta, com base em uma interpretação sistemática que tem por origem a Constituição Federal (arts. 1°, II e III, e 227, §6°) e passa por dispositivos do Estatuto da Criança e do Adolescente (arts. 20, 26 e 27). Mais adiante veremos que esta possibilidade é defendida também por Belmiro Pedro Welter. A doutrina tradicional não a tem como lícita no direito brasileiro.[263]

Maria Christina de Almeida[264] enuncia: *"... a paternidade é hoje, acima de tudo, socioafetiva, moldada pelos laços afetivos cujo significado é mais profundo do que a verdade biológica, onde o zelo, o amor paterno e a natural dedicação ao filho pelo pai, dia a dia, revelam uma verdade afetiva, em que a paternidade vai sendo construída pelo livre desejo de atuar em integração e interação paterno-filial".*

Paulo Luiz Netto Lôbo[265] ressalta que *"A igualdade entre filhos biológicos e adotivos implodiu o fundamento da filiação na origem genética"* e expõe os fundamentos constitucionais do princípio da afetividade na filiação: *"a) todos os filhos são iguais, independentemente de sua origem (art. 227, §6°); b) a adoção como escolha afetiva, alçou-se integralmente ao plano da igualdade de direitos (art. 227, §§ 5° e 6°); c) a comunidade formada por qualquer dos pais e seus descendentes, incluindo-se os adotivos, tem a mesma dignidade de família constitucionalmente protegida (art. 226, § 4°); d) o direito à convivência familiar, e não a origem genética, constitui prioridade absoluta da criança e do adolescente (art. 227, 'caput')".*

---

[262] *Investigação de paternidade – posse de estado de filho.* Porto Alegre: Livraria do Advogado, 1999, p. 154 a 163.

[263] Por exemplo: Silvio Rodrigues. *Direito Civil – Direito de Família.* 23ª ed. São Paulo: Saraiva, 1998. Vol. 6, p. 321. Orlando Gomes. *Direito de Família.* 7ª ed. Rio de Janeiro: Forense, 1990, p. 335, reconhece que o Código Civil não incluiu a hipótese, mas deplora, considerando *"lacuna imperdoável".*

[264] *Investigação de paternidade e DNA – aspectos polêmicos.* Porto Alegre: Livraria do Advogado, 2001, p. 161.

[265] *Código Civil Comentado: direito de família, relações de parentesco, direito patrimonial: arts. 1.591 a 1.693,* vol. XVI - Paulo Luiz Netto Lôbo; Álvaro Villaça Azevedo (coordenador). São Paulo: Atlas, 2003, p. 42 e 43.

Estudos de DIREITO DE FAMÍLIA

O mesmo jurista (Paulo Luiz Netto Lôbo) produziu texto fundamental, capaz de provocar a superação de confusões e dúvidas desnecessárias que impregnam a matéria.[266] Partindo da relevância da afetividade em campos como a sociologia, a psicanálise, a antropologia, mostra como apenas recentemente a socioafetividade passou a ter o papel importante que lhe cabe no direito de família. Argumenta com extensão e profundidade no sentido de comprovar que o sistema jurídico brasileiro não se resume à filiação biológica, senão que também abriga a filiação socioafetiva. Indica como, no conflito entre filiação biológica e não-biológica, o critério do melhor interesse do filho pode oferecer a adequada solução, com o que é lícito manter o estado de filiação mesmo que verificada a ausência de vínculo biológico. *Em distinção essencial – aspecto em que mais colabora para esclarecimento de tumultos interpretativos dispensáveis – assinala que o estado de filiação nada tem a ver com o direito à origem genética, radicado no direito de personalidade.* A consolidação de uma paternidade ou maternidade socioafetiva não pode impedir que o filho busque conhecer, inclusive judicialmente, sua genealogia, suas raízes, suas origens, seus antepassados. Além do direito de personalidade envolvido, manifesto o interesse jurídico em tal descoberta, em face dos impedimentos matrimoniais, do sofrimento psicológico e emocional decorrente do desconhecimento das origens,[267] das compatibilidades em doações de órgãos, da análise de doenças geneticamente transmissíveis.

Belmiro Pedro Welter redigiu excelente obra sobre a filiação socioafetiva,[268] de leitura obrigatória para os estudiosos de direito de família. Um dos pontos culminantes de suas teses é quando busca demonstrar que se revela viável, no direito brasileiro atual, a ação de investigação de paternidade socioafetiva.[269] A propósito do assunto da imprescindibilidade do conhecimento da origem biológica, mesmo admitida a socioafetividade, Belmiro sustenta, com correção e profundidade, como não pode ser afastado o direito a este conhecimento.[270]

---

[266] Direito ao estado de filiação e direito à origem genética: uma distinção necessária. Artigo publicado em *Revista Brasileira de Direito de Família*, Porto Alegre: IBDFAM-Síntese, v. 19, agosto-setembro 2003, p. 133 a 156.

[267] Para algumas pessoas este conhecimento revela-se importantíssimo para o equilíbrio emocional e psíquico. Porque algumas pessoas não têm igual preocupação, seria desumano e absurdo pretenderem generalizar e concluir que outros também não ligam.

[268] *Igualdade entre as filiações biológica e socioafetiva.* São Paulo: RT, 2003.

[269] Ob. cit., p. 198 a 204.

[270] Ob. cit., p. 176 a 188.

6.3. O art. 1.601 do Código Civil, em sua segunda parte

O art. 1.601 do Código Civil é de extrema importância. Seu significado relevante está para o capítulo II do subtítulo II, título I, do Direito de Família, como o art. 1.614 está para o capítulo III do mesmo subtítulo II. Vai suscitar controvérsias intermináveis, em suas duas partes. O que denomino de primeira parte é aquela em que se estabelece que cabe ao marido o direito de contestar a paternidade dos filhos nascidos de sua mulher; a segunda parte é a que considera tal ação imprescritível.

A primeira parte, que não é ponto de estudo deste texto, pode provocar alegação de inconstitucionalidade, pois restringe a legitimidade para uma demanda em que pelo menos deveria se acatar o interesse jurídico da mãe, do filho e de quem se considera como verdadeiro pai biológico.

A segunda, ao contemplar a imprescritibilidade, desgosta forte corrente do pensamento brasileiro, que, em nome da estabilidade da família, visando ao interesse dos filhos, e em nome da socioafetividade, quer limitar o prazo. Este o aspecto que importa ao presente trabalho.

Regra geral, nas ações de estado das pessoas, é a imprescritibilidade, como lembra Paulo Luiz Netto Lôbo.[271] Prescrição ou decadência somente se admitem quando há texto legal expresso, como era o caso do art. 344 do Código Civil de 1916. Sou favorável à imprescritibilidade,[272] pois mais consentânea com a verdade biológica e com o estágio atual de evolução do direito de família brasileiro.

É por demais sabido que a Constituição Federal de 1988 trouxe alterações profundas no Direito de Família brasileiro. Foi o ramo de nosso direito que mais sofreu transformações em face daquela Carta Magna.

Trata-se de buscar um Direito de Família mais adequado às novas realidades sociais de convivência humana e buscar uma estrutura familiar menos produtora de psicopatologias, porque menos opressora, mais autêntica, mais verdadeira, mais sincera, menos impregnada de hipocrisias e falsidades, mais regada pela afeição, mais igualitária, mais solidária. Nosso direito apenas está se deixando orientar pelos princípios jurídicos do Direito de Família atual.

---

[271] Código civil comentado cit., vol. XVI, p. 76.

[272] Reconheço, porém, que provavelmente até a inconstitucionalidade poderia ser sustentada para elidir o caráter imprescritível da ação, com base no art. 227 da Constituição Federal, isto é, defesa dos interesses das crianças e adolescentes. Parece, contudo, que dificilmente esta construção teria base jurídica, pois resultaria em indeterminação completa sobre qual seria o prazo de prescrição, ou mais corretamente, de decadência, que regeria a espécie, revogado que foi o art. 344 do Código Civil, e, como seqüela, o art. 178, § 3°, do mesmo diploma legal.

Estudos de DIREITO DE FAMÍLIA

Mesmo antes do novo Código Civil, três grandes fontes normativas autorizavam a que se construísse um novo sistema jurídico-familiar, tendo como revogados vários artigos do Código Civil de 1916.

A primeiro delas, evidentemente, é a Constituição Federal de 1988. Seu art. 227, § 6º, é incisivo: "Os filhos, havidos ou não da relação do casamento, ou por adoção, terão os mesmos direitos e qualificações, proibidas quaisquer designações discriminatórias relativas à filiação". O texto é claríssimo e imperativo. Por si só bastava para radical mudança do sistema do Código Civil de 1916. Era suficiente que os exegetas e aplicadores do direito compreendessem as vertentes sociológicas e psicológicas do Novo Direito de Família, assim como seus princípios básicos. É elementar que o direito positivo pátrio permite, por exemplo, ao juiz que, calcado na Constituição Federal, possa deixar de aplicar qualquer norma infraconstitucional que a contrarie. A Constituição não apenas proíbe designações discriminatórias, mas também ordena que os filhos tenham os mesmos direitos e tenham as mesmas qualificações. Por sinal, com alicerce na norma constitucional advieram muitos arestos que, com correção e felicidade, proclamaram estar revogada a Lei nº 883/49, resultando a possibilidade de reconhecimento voluntário ou judicial da paternidade mesmo se adulterino o filho e ainda antes da dissolução da sociedade conjugal.[273]

Importantíssimo é o art. 27 da Lei nº. 8.069, de 13 de julho de 1990 (Estatuto da Criança e do Adolescente): "O reconhecimento do estado de filiação é direito personalíssimo, indisponível e imprescritível, podendo ser exercitado contra os pais ou seus herdeiros, sem qualquer restrição, observado o segredo de Justiça". Observem-se as palavras "SEM QUALQUER RESTRIÇÃO". O emprego destes vocábulos, que poderiam ser reputados como redundantes ou supérfluos, deixa inquestionável que o legislador não mais admite a permanência de nenhuma norma jurídica que por qualquer forma ou subterfúgio, por qualquer maneira explícita ou implícita, crie embaraços à descoberta da verdadeira paternidade biológica.

O terceiro elemento do tripé legislativo era a Lei nº 8.560, de 29 de dezembro de 1992, que regulava a investigação de paternidade dos filhos havidos fora do casamento. Esta Lei não colocava absolutamente nenhum comando que por qualquer maneira pudesse implicar obstáculo ou percalço à plena investigação da paternidade e ao integral e irrestrito reconhecimento voluntário da paternidade. Quisesse o legislador criar tropeços à

---

[273] Já em 1989 a 6ª Câmara Cível do Tribunal de Justiça do R. G. do Sul, sendo Relator o Des. Adroaldo Furtado Fabrício, insigne jurista e depois Presidente daquela Corte, decidiu que a investigação de maternidade era lícita mesmo se para atribuir filho adulterino para a mulher: apelação cível nº 589046564. Sobre reconhecimento do filho adulterino na constância do casamento: *RT* 652/138, 654/84, 710/60, 717/255; *Revista Jurídica*, 146/87; *Lex – Jurisprudência do STJ e dos TRFs*, 32/159.

pesquisa plena da paternidade e teria emitido algum sinal neste sentido no diploma legislativo em análise.

Ora, a partir da Constituição Federal de 1988, adquiriu relevo no Brasil o critério da verdade biológica ou genética, em detrimento da paternidade por ficção, quando terminava alguém sendo considerado filho de outrem ainda que toda a comunidade soubesse que não havia tal relação parental no plano biológico. O art. 344 do Código Civil era totalmente incompatível com o critério da verdade biológica. Não podia permanecer aplicável o art. 344, inclusive quanto aos exíguos prazos decadenciais. Sílvio Rodrigues[274] admitia que a Lei nº 8.560/92 ilidiu a presunção *pater is* e censurou a pequenez dos prazos do art. 344, referindo que a mencionada Lei alterou o sistema. Deve merecer todo o destaque o fato de que não já não mais era admissível o prazo exíguo de decadência constante do art. 344 do Código Civil de 1916, pois em forte conflito com a amplitude de verificação da verdadeira paternidade, como já o estava com a tradicional orientação de imprescritibilidade da ação investigatória de paternidade.[275]

Gustavo Tepedino também se rebelara contra o art. 344 do Código Civil, demonstrando como não se coadunava com a nova estrutura jurídica do Direito de Família.[276]

O Egrégio Superior Tribunal de Justiça, ao apreciar o Recurso Especial n° 146.548/GO, com julgamento definitivo em 22 de agosto de 2000, pela Colenda 4ª Turma, com apenas um voto vencido, deliberou pelo afastamento do prazo decadencial previsto no art. 178, § 3°, do Código Civil. Foi Relator originário o Ministro Barros Monteiro, e, Relator para o acórdão, o Ministro César Asfor Rocha. A ementa pode ser encontrada em Revista AJURIS, Porto Alegre, vol. 79, pág. 696.

O Tribunal de Justiça gaúcho vinha resolvendo pela não-aplicação dos diminutos prazos decadenciais do art. 344 do Código Civil de 1916. Assim foi, por exemplo, nos embargos infringentes n° 596048322, julgados pelo Egrégio 4° Grupo de Câmaras Cíveis em 8 de novembro de 1996 (decisão por maioria). Na apelação cível n° 595109216, julgada pela Colenda 8ª Câmara Cível em 21 de dezembro de 1995, foi o assunto tratado longamente.

O Tribunal de Justiça de São Paulo por várias vezes já proclamara a queda dos prazos decadenciais do art. 344 do Código Civil. Na apelação

---

[274] *Direito Civil – Direito de Família*. Vol. 6, n°. 122, 20ª ed. São Paulo: Saraiva, 1994, p. 273. No n° 127, p. 276 e 277, retorna o ilustre jurista ao tema, falando do que denominou de "situação retrógrada" patrocinada pelo legislador de 1916.

[275] Sobre a matéria, no Tribunal de Justiça do R. G. do Sul: RJTJRGS, 175/721.

[276] "A Disciplina Jurídica da Filiação", artigo publicado na coletânea de *Estudos Direitos de Família e do Menor*, sob a coordenação de Sálvio de Figueiredo Teixeira, Livraria Del Rey Editora, Belo Horizonte, 3ª ed., 1993, p. 225 a 241.

Estudos de DIREITO DE FAMÍLIA

cível n° 64.598-4, julgada pela 5ª Câmara de Direito Privado em 14.05.98, sendo Relator o Des. Marcus Andrade, foi resolvido que: *"Negatória de paternidade – Imprescritibilidade – Sentença de indeferimento da inicial fundada no § 3° do artigo 178 do Código Civil, desconstituída para que a demanda tenha regular seqüência – Apelação provida. A orientação que se impõe, ante o atual estado da ciência e da técnica médicas, permitindo conclusão de, praticamente, certeza absoluta sobre a paternidade biológica, é a da perda de eficácia dos §§ 3° e 4° do art. 178 do Código Civil, não mais se configurando o óbice da prescrição (ou decadência) ao pedido de tutela jurisdicional direcionado à verdade da filiação".*[277]

Ora, se assim já era antes do novo Código Civil, com muito maior razão agora, quando existe regra expressa pela imprescritibilidade no art. 1.601. A preocupação pela estabilidade familiar, naquilo em que preserva o interesse dos filhos menores, é atendida, a meu ver, exatamente pelo critério da socioafetividade. Assim, a imprescritibilidade não conflita com o interesse dos filhos menores e nem com a socioafetividade. Se demonstrada a socioafetividade, a ação do pai será repelida, mesmo sendo imprescritível. São planos totalmente distintos do mérito da causa. Melhor para os próprios filhos que assim seja, pois não se chancelará uma situação falsa e hipócrita (que facilmente escorrega para a morbidez) de paternidade pela singela passagem de curto lapso de tempo, como ocorria com o art. 344 do antigo Código Civil.

Apenas faço questão de ressaltar que não se pode simplesmente presumir a socioafetividade pela passagem do tempo, – equívoco que às vezes tenho observado em certos julgamentos – senão que deve-se ensejar prova plena da existência ou não da relação socioafetiva. O filho matrimonial pode ser registrado em nome de um pai que sequer o viu após o nascimento! Onde estaria aí a socioafetividade, mesmo que muitos anos tenham se passado? É do interesse do filho que um tal pai, ausente, irresponsável e sem qualquer amor, permaneça nesta condição? Alguns argumentariam com os alimentos; ora, o filho irá solicitá-los do verdadeiro pai biológico.

6.4. O art. 1.614, em sua segunda parte

A primeira parte do art. 1.614 do Código Civil (dispositivo correspondente ao art. 362 do Código Civil anterior) não oferece a menor difi-

---

[277] Fonte: *Repertório Jurisprudência Informatizada Saraiva (JUIS)*, n° 21, 3° trimestre do ano de 2000, São Paulo: Saraiva, 2000.

culdade e nunca foi objeto de debate, ou seja, de que o filho maior não pode ser reconhecido sem o seu consentimento.

O grande problema está na segunda parte: *"e o menor pode impugnar o reconhecimento, nos quatro anos que se seguirem à maioridade, ou à emancipação"*. Discussões imensas e antigas permeiam este prazo de quatro anos, resultando algumas opiniões, com todo o respeito, absolutamente equivocadas.

A doutrina seguidamente se confundiu no exame do art. 362 do Código Civil de 1916. A solução correta foi dada por Pontes de Miranda,[278] quando ensinou que o prazo de quatro anos nada tem a ver com inexistência, nulidade, anulabilidade e mesmo impugnabilidade por ser o reconhecimento contrário à verdade. Trata-se de hipótese de ineficácia por não-aceitação do reconhecido. Este ângulo do tema é muito importante: o reconhecido pode rejeitar o pai registral, nos quatro anos, sem apresentar alegações de inexistência, nulidade, anulabilidade ou falsidade registral: basta que não concorde com a paternidade que lhe foi, digamos assim, imposta. Constitui direito do filho maior ou emancipado rejeitar imotivadamente o pai, no contexto dos arts. 362 e 1.614, mesmo que se entenda ser imprescindível uma ação com tal escopo.

Percebe-se que a melhor doutrina nacional tendeu para a interpretação de recusa imotivada do pai, tanto que J. M. de Carvalho Santos sustentou que *"Para a impugnação, basta que a pessoa perfilhada não queira a posição de filho natural do perfilhante e assim o declare"*.[279]

Errôneo transformar o prazo de quatro anos em um prazo de decadência que, uma vez ultrapassado, não permitiria mais ao filho reagir mesmo em situações de registro nulo, de registro falso, de manifesta inverdade de filiação biológica, e assim por diante. Seria transformar o imprescritível em uma decadência de quatro anos! A simples passagem de um prazo tão curto condenaria o filho a nunca mais poder afastar um pai manifestamente falso no plano biológico e a não poder buscar seu verdadeiro pai biológico. Estas asserções, como insisto no presente texto, em nada prejudicam a socioafetividade.

O Tribunal de Justiça gaúcho atinou com o caminho correto em acórdão de 1984: RJTJRGS, vol. 108, p. 439 a 445, sendo Relator o Desembargador Adroaldo Furtado Fabrício, jurista de renome nacional. Bem mais tarde, após divergências renovadas, no ano de 2000, o 4° Grupo de Câmara Cíveis, por maioria, ficou com aquela orientação.[280] Infeliz-

---

[278] *Tratado de Direito Privado*. Tomo IX, § 972, 4ª ed. São Paulo: RT, 1983, p. 99 e 100.

[279] *Código civil brasileiro interpretado*. Vol. V, 9ª ed. Rio de Janeiro-São Paulo: Livraria Freitas Bastos, 1963, p. 473.

[280] *Revista Ajuris*, março de 2001, n° 81, tomo II, p. 447 a 457. EI 70000497420.

mente, com toda a vênia, o 4º Grupo, também por maioria, alterou aquela posição em 2003, passando a resolver que a imprescritibilidade da ação investigatória cede quando o filho deixa de questionar seu reconhecimento de filho natural no quatriênio seguinte a sua maioridade.[281]

Como se percebe, o Tribunal gaúcho percorreu caminho inverso ao do Superior Tribunal de Justiça. Este, após ter seguido a interpretação que considero equivocada,[282] esteve repensando e atenuando sua compreensão, até alterá-la totalmente em época mais próxima, passando a decidir que não se extingue o direito do filho investigar paternidade depois dos quatro anos.[283]

Reitero todos os argumentos que lancei no item 3 deste texto, no sentido de que prazos curtos de prescrição ou decadência não se harmonizam com os critérios do moderno direito de família. Não de pode condenar alguém a conviver com um falso pai biológico durante toda a vida, impedindo-o, além disto, de investigar o verdadeiro pai genético. De qualquer forma, lembro que pelo menos os que seguem orientação adversa devem aceitar que, mesmo consolidado o estado de filiação, possa o filho investigar a paternidade biológica para as várias finalidades antes enumeradas neste trabalho.

Ao que se nota, por exemplo, da mencionada última decisão do 4º Grupo Cível do Tribunal de Justiça do R. G. do Sul, foi impregnada pela tendência de prestigiar ao máximo o critério socioafetivo, mesmo que com o excesso de tornar prescritível o que é imprescritível. Aí o equívoco. A socioafetividade em nada é prejudicada pela imprescritibilidade! A solução não oferece dificuldade: rejeita-se a alegação de decadência em quatro anos, mas, prosseguindo no exame do mérito da investigatória, será rejeitada, *para fins de mudança no estado de filiação*, se comprovada a socioafetividade em relação ao pai registral.

Porém insisto e enfatizo – e este é outro problema: se comprovada a socioafetividade! Descabe presumir a socioafetividade, como se decorresse da passagem do tempo somente. O filho pode estar com 22 anos (18, que é a maioridade, + os quatro anos do art. 1.614) sem que nunca tenha visto ou convivido com o pai registral. Precisa ser admitida prova plena a respeito da socioafetividade. Esta, por definição, radica em aspectos fáticos, sociais, psicológicos, etc., que exigem normal e ampla pesquisa probatória.

---

[281] RJTJRGS 223/139.

[282] *LEX – Jurisprudência do Superior Tribunal de Justiça e Tribunais Regionais Federais*, vol. 65, p. 239.

[283] REsp 208788-SP, julgado pela 4ª Turma em 20.02.03, Relator Ministro Ruy Rosado. REsp 440119-RS, julgado pela 3ª Turma em 05.11.02, sendo Relator o Ministro Castro Filho. REsp 435868-MG, julgado pela 3ª Turma em 29.11.02, sendo Relatora a Ministra Nancy Andrighi.

Por fim, volto a salientar, mesmo provada a socioafetividade a ação pode ser aceita em parte, para que, mantido o estado de filiação no tocante ao pai registral, o autor da investigatória possa saber quem é seu verdadeiro pai biológico para fins de direito de personalidade e demais efeitos relevantes antes enunciados.

6.5. Conclusões

Da exposição desenvolvida, extraio as seguintes conclusões:

1ª) A imprescritibilidade para as ações de estado deve continuar sendo a regra – só admitido o contrário por expressa disposição legal –, com mais razão diante das bases do novo direito de família, considerando que prazos prescricionais e decadenciais prejudicam a apuração do verdadeiro estado de filiação biológico.

2ª) Em face da conclusão anterior, a imprescritibilidade do art. 1.601 do Código Civil deve ser bem recebida, afastadas as construções que tendem a relativizá-la.

3ª) Também diante da primeira conclusão, o prazo do art. 1.614 do Código Civil não deve ser visto como capaz de provocar a decadência de ação que vise a apurar o verdadeiro pai biológico, até mesmo porque o prazo de quatro anos é destinado a uma rejeição *imotivada* do estado de filiação.

4ª) A socioafetividade deve ser plenamente acatada no direito brasileiro e não entra em choque com a imprescritibilidade. Mesmo imprescritível a ação de estado, pode o estado de filiação ser mantido em relação a um pai que não o é biologicamente, se comprovada a ocorrência da relação socioafetiva. Portanto, considero retrocesso e sério equívoco utilizar o belíssimo instituto da socioafetividade para tentar criar prazos decadenciais e prescricionais no direito de família, quando manifestamente o sistema legal não o quer, além do que é posição incompatível com o moderno direito de família.

5ª) Mesmo reconhecida a socioafetividade, e em conseqüência mantido estado de filiação não-biológico, deve ser permitido ao interessado que pesquise judicialmente seu verdadeiro liame biológico, por causas vinculadas ao direito de personalidade e outros relevantíssimos fatores apontados neste texto (doenças transmissíveis, transplante de órgãos, impedimentos matrimoniais).

6ª) A socioafetividade não pode ser presumida, pela simples passagem do tempo, mas deve resultar de análise fático-probatória que a demonstre, sob pena de desvirtuamento do instituto e graves injustiças em casos concretos.

Estudos de DIREITO DE FAMÍLIA

7. Alguns temas sobre adoção

7.1. Por que deve permanecer a adoção entre adultos?

A Constituição Federal de 1988 igualou os adotados (art. 227, § 6°). O novo Código Civil seguiu claramente este rumo de completa igualdade, sem distinguir, quanto à eficácia, a idade do adotado. Dir-se-ia que o Código Civil nem poderia dispor diferentemente, pois seria inconstitucional. Lamentavelmente, não é bem assim, pois prevalecia no Brasil orientação doutrinária e jurisprudencial no sentido de que a igualdade constitucional só abrangia adotados crianças e adotados adolescentes, por interpretação sistemática com o *caput* do art. 227, que cogita de crianças e adolescentes. Além disso, sustentavam que à sociedade interessa é a adoção de menores. Nunca concordei com esta tese, como expus em artigo doutrinário.[284] Agora, aliás, os que faziam aquela distinção estão diante de problema grave: como o Código Civil de 2002 igualou todos os adotados, mas a Constituição Federal não mudou, terão eles a coragem de defender a inconstitucionalidade do referido Código quando este iguala os adotados?

No presente texto, quero apontar razões que baseiam minha posição de que todos os adotados devem ser iguais. Maior minha preocupação porque tomei ciência de forte movimento visando a eliminar a adoção entre adultos, o que me parece sério equívoco histórico.

A postura desfavorável à adoção de pessoas acima de 18 anos conta com o prestígio e sólida argumentação de Antônio Chaves.[285] Seus argumentos resumem as alegações contrárias à adoção entre maiores e são os seguintes: a) acatar adoção de pessoas com mais de 18 anos choca-se com a finalidade do instituto, como hoje é concebido; é difícil admitir que alguém que não encontrou amparo até os 18 anos se sujeite à paternidade

---

[284] Algumas considerações sobre a nova adoção, em *Revista AJURIS*, vol. 53, p. 72.
[285] *Adoção, adoção simples e adoção plena*. 3ª ed. São Paulo: RT, 1983, p. 607 a 611.

Estudos de DIREITO DE FAMÍLIA

de um estranho depois desta idade; limitar a adoção até os 18 anos é evitar torpezas, complicações, dúvidas, manobras ilícitas; quem quiser proteger pessoas com mais de 18 anos tem muitas maneiras de fazê-lo, sem recorrer a um processo indicado para amparar crianças; b) não existe pátrio poder (hoje poder familiar) sobre maiores; c) quanto ao nome, é absurdo e perturbador para as relações sociais se adote uma pessoa de 30 ou 40 anos para que o mude; d) no tocante aos alimentos, não convém que duas pessoas maiores de idade se unam por vínculo indissolúvel ou praticamente indissolúvel por toda a vida; ainda por cima, estariam criados deveres alimentares para parentes do adotante; e) no pertinente à herança, para transmitir o patrimônio a outra pessoa não é necessário adotá-la: basta testar; fora isto, seria prejudicar os filhos naturais. Omar Gama Ben Kauss seguiu na mesma linha de raciocínio de Antonio Chaves:[286] considera ilógico que o adotivo adquira parentesco não desejado por terceiros que não participaram do ato da adoção; não aceita que o adotivo possa, por exemplo, ser herdeiro, na linha colateral, do irmão do seu pai adotivo, que nada teve a ver com a adoção; teria o adotado legitimidade para pedir alimentos aos filhos do seu pai adotivo, ou seja, uma obrigação alimentar cobrada de quem jamais a assumiu, criando-se débito estranho aos princípios gerais do direito.

Com toda a vênia, tentarei responder a estes argumentos.

Tenho que, fundamentalmente, as concepções predominantes, em nosso país e fora dele, deveriam evoluir para uma noção mais aberta e solidária da família. É passo indispensável para uma melhoria das relações sociais em seu todo, aperfeiçoando os caminhos éticos da humanidade rumo a uma estruturação real e concretamente imbuída dos constantes ideais de liberdade, de igualdade e de fraternidade. Este ideais precisam deixar de ser formais ou retóricos, mais reservados ao campo das utopias, para adquirirem significação palpável e sólida. Se visado deste desiderato, urgem repensar a família enquanto grupo fechado, encerrado sobre si próprio, e, portanto, tendendo ao egoísmo grupal. As relações afetivas e de solidariedade humana deveriam equiparar-se aos laços de sangue.[287] Não há por que, na adoção, restringir as relações de amizade, de afeto, de amor, a limites de idade, bloqueando a abertura mais intensa dos grupos familiares.

Nas relações de sangue ou biológicas, podem aflorar as mais consistentes e duradouras inimizades. O mesmo pode suceder no vínculo entre

---

[286] *A adoção*. Rio de Janeiro: Lumen Juris, 1991, p. 30 a 32.

[287] É o que se vem fazendo com a socioafetividade no campo da filiação não-adotiva. Por sinal, estranho como defensores ferrenhos da socioafetividade naquela área dela esquecem quando se ingressa na adoção!

adotante e adotado que o tenha sido até 18 anos de idade. Em contraposição, magníficas demonstrações de amizade e amor paternal/maternal florescem entre pessoas com idade superior a 18 anos. Aceitar a exegese restritiva do texto constitucional é impedir, por exemplo, que pessoa com 35 anos possa adotar, com efeitos plenos, alguém com 19 anos, ao passo que pessoa com 34 anos pode adotar plenamente quem tenha 18 anos. E pior: pessoa com 70 anos não poderia adotar, com eficácia plena, quem tivesse 19 anos.

A paternidade é conceito não só genético ou biológico, mas psicológico, moral e sociocultural. Em grande número de ocasiões o vínculo biológico não transcende a ele mesmo e revela-se completo e patológico o fracasso da relação de paternidade/maternidade, pelo prisma humano, social e ético. Em contrapartida, múltiplas situações de ausência de ligação biolólgica geram e mostram relação afetiva, em nível de paternidade, saudável, produtiva, responsável. E os milhões de casos de paternidade/maternidade biológica não desejada? A paternidade/maternidade oriunda da adoção é plenamente consciente e desejada. Esta consciência e este desejo devem ser relevantes igualmente da perspectiva do adotado, o que mais se consegue quanto mais estiver amadurecido.

Acatar a adoção sem limites de idade, inclusive com eficácia plena, é favorecer a maturidade ética da humanidade, por via da maior abertura da família aos que originalmente não a integram. Esta aceitação na família de alguém que antes era estranho, em longo prazo fomenta e incentiva uma visão mais receptiva e relacional daquela com o todo social. Em ângulo microcósmico, desenvolver-se-ia a atitude que, macroscopicamente, se nutre a esperança de ver cultivada entre as nações e os povos. O que seria do microcosmo adquire contornos bem mais expressivos e passa a influenciar decisivamente o macrocosmo, dado que é elementar a ação exercida pela estrutura e funcionamento da família no respeitante à organização e fisiologia da sociedade.

Haveria também divisão mais justa do patrimônio. Não concordo com a resistência em que os bens de uma pessoa sejam partilhados, por sua morte, entre maior número de indivíduos, o que mais contribui para disseminar a riqueza e desconcentrá-la (todos sabem que a excessiva concentração de riqueza constitui um dos maiores males da atualidade, quer a concentração individual, quer a concentração internacional em mãos de pouquíssimos países). Se alguém resolve adotar adultos, entre outros motivos para que herdem em igualdade de condições com filhos biológicos, este comportamento, além de apresentar aquela vantagem socioeconômica, provoca salutar distribuição de patrimônio em função de reais uniões afetivas (muitas vezes não mais existentes ou nunca existentes entre pai/mãe e filho biológico) e não só pelo prisma genético ou biológico. O

Estudos de DIREITO DE FAMÍLIA

que, muitas vezes, faz um filho para merecer uma herança? É ético aguardar a morte de outrem para auferir patrimônio? Ou o correto não é amealhar bens pelo seu trabalho? Quantas vezes o filho biológico abandonou os pais de maneira radical e perversa! E quantas vezes foram aqueles pais atendidos, zelosa e amorosamente, por filhos adotivos, já adotados com idade superior a 18 anos. Quantas vezes um patrimônio construído com sacrifício é dilapidado pelos filhos, criados sem conhecer o esforço do trabalho árduo. Aliás, é hora de repensar o direito das sucessões, tornando-o mais justo; é equânime, por exemplo, entregar uma polpuda herança para filhos já ricos, se parentes do falecido estão na pobreza? Em hipóteses assim seria razoável pensar na inversão da ordem de vocação hereditária; pelo menos principiar a reflexão a respeito.

A maior preocupação de Antonio Chaves parece ser com a possibilidade da má utilização do instituto, que se prestaria, segundo ele, a manobras ilícitas, torpezas, etc. Com toda a vênia, não me parece que seja o mais adequado raciocinar com casos de exceção, com hipóteses teratológicas (exemplo: homem adota amante a fim de tê-la em seu lar como filha), com situações de desonestidade, com circunstâncias imorais, mais ainda quando para restringir a eficácia de um instituto de tanta relevância humana e social e tão sublime como a adoção. Nunca houve na história mensagem, por mais excelsa que se apresentasse, que não houvesse sido, em certo instante e por certas pessoas, absolutamente deturpada, falseada, mal empregada, utilizada com escopo escuso, enodoada. Ora, isto não fará com que o homem desista de pensar e lutar pelos grandes ideais. Não sendo assim, restaria o suicídio coletivo, a autodestruição planejada da raça humana. E não se esqueça de que o mal uso da adoção pode ser sanado por sua nulificação, em face, exemplificativamente, de ilicitude de objeto.

Assevera Antonio Chaves que dificilmente pessoas com mais de 18 anos aceitarão serem adotadas. É problema que em nada prejudica a igualdade dos adotados: simplesmente não haverá a adoção por ausência de consentimento do adotando.

Se o instituto da adoção até hoje foi concebido segundo determinadas finalidades, não significa esteja vedada a alteração da mundividência que o cerca, sob pena de se estar argumentando com a tradição, ou seja, a imutabilidade comportamental. Ademais, aquelas finalidades já são colocadas como diferentes por alguns autores: Paulo Lúcio Nogueira[288] ensina que *"o caráter assistencial da adoção civil vem sendo ampliado cada vez mais com o passar do tempo, pois, se no início a finalidade do instituto era propiciar filhos aos que não podiam tê-lo – interesse do adotante – depois passou a ser uma maneira de assistir não só menores, mas até*

---

[288] *Estatuto da criança e do adolescente comentado.* São Paulo: Saraiva, 1991, p. 64.

adultos, por laços de parentesco ou afetividade, assegurando-lhes uma forma de subsistência – interesse do adotado – através de pensão e outros meios".

Discordam Antônio Chaves e Ben Kauss que duas pessoas maiores de idade se unam por vínculo indissolúvel por toda a vida, no campo alimentar. Novamente se vê a fixação nos laços apenas biológicos, em detrimento de uma perspectiva ampla e abrangente do relacionamento humano. Admite-se que irmão deva sustentar irmão em qualquer época, se um deles necessitar, não puder prover a própria subsistência, e isto ainda que os irmãos se tenham transformado em inimigos mortais. No entanto, não se quer conceder a mesma possibilidade alimentar em uma relação que se pode impregnar de elevado conteúdo afetivo e se enquadrar perfeitamente como liame paternidade-filiação. É exemplo que somente se pode querer prospere o de alguém ajudar nos sustento de outrem menos aquinhoado, independentemente de laços biológicos, assumindo a obrigação em plena consciência (resulta obrigado por disposição de sua vontade, e não por ter um vínculo biológico que opera automática e impositivamente).

É absurdo e perturbador às relações sociais a alteração do patronímico do adotado, por que este seja maior? Não me parece. É consagrada no sistema jurídico nacional a faculdade de o adotando, mesmo na adoção do Código Civil de 1916, assumir os apelidos do adotante. Importa é que a adoção não tenha sido celebrada visando à modificação do nome por intuito fraudulento ou doloso. Ninguém contesta que um adulto tenha seu patronímico alterado quando obtém sucesso em ação de investigação de paternidade, com todas as dificuldades que isto possa produzir nas relações com terceiros. Novamente estaríamos privilegiando o liame biológico em detrimento da afetividade e solidariedade. O sistema legal conhece várias situações de modificação de apelidos, inclusive para fins comerciais,[289] com o que seria contraditório não admiti-lo pelas nobres razões que se pressupõem em uma adoção (é princípio geral de direito que não se presume a má-fé). Nem se teria como normal que uma pessoa quisesse ser adotada exclusivamente para ver trocado seu sobrenome.

Poderia ser tido como inadequado que adotado maior se integrasse à família do adotante, de molde a se estender a ligação parental aos parentes do adotante? Os argumentos de Antonio Chaves e Ben Kauss, a meu ver, com toda a vênia, provam demais e partem do já questionado pressuposto de bem mais valorizar as ligações biológicas, em visão menos aberta e que não contribui para o aperfeiçoamento das relações solidárias entre os homens, conforme procurei evidenciar neste texto. Trata-se de aceitar uma

---

[289] Rubens Limongi França. *Do nome civil das pessoas naturais.* 3ª ed. São Paulo: Editora Revista dos Tribunais, 1975, p. 270 a 276.

ampliação do conceito de família, aumentando os laços de fraternidade. Além da excessiva hierarquização entre vínculos biológicos e afetivos, os argumentos pecam por omitirem que idênticos problemas surgiriam quando o adotado tivesse até 18 anos! Articulando sinteticamente meu ponto de vista: a) como ficam os terceiros, que não aceitam o fato da adoção de pessoa até 18 anos, quando se lhes impõem parentes indesejados, com as conseqüências nos planos alimentar e sucessório? Bem se percebe aqui que a posição contrária sempre retorna ao aspecto central de muito mais valorizar a ligação biológica do que a afetiva, de solidariedade, de fraternidade, ou então, de se fixar no entendimento de que apenas importa para a sociedade a adoção de crianças e de adolescentes; b) A dificuldade posta pelo pensamento adverso existirá, de qualquer forma, quando o adotado fosse menor, ou seja, os parentes do adotante, mesmo indignados com a adoção "sofreriam" suas seqüelas (parentais, alimentares, sucessórias, etc.), tendo de "suportar", com repercussões patrimoniais, um parente "imposto"; e mais, o adotado poderia reclamar seus direitos quando maior, o que faria tivessem os "revoltados" parentes, por exemplo, de pagar alimentos para um adulto que nunca quiseram como parente e cuja adoção consideraram abominável; c) não vejo maior sentido em argumentar com a exigência de alimentos contra quem não assumiu jamais tal obrigação; a prevalecer esta compreensão, os parentes do adotante, quando o adotado fosse menor, não estariam jungidos a pagar alimentos, pois podem ter-se oposto violentamente à adoção. E mais: quem alguma vez assumiu ter de alimentar seus irmãos biológicos (e estes podem ser em grande número e todos necessitados!)?; d) não vejo no que minha posição colida com princípios gerais de direito; está, isto sim, em consonância com o maior destes princípios, que diz com a manutenção da vida e da vida com dignidade. Com efeito, aumenta-se a possibilidade de alguém pleitear alimentos, de participar na divisão de bens, de se sentir integrante de um grupamento familiar e assim por diante. Sem dúvida, os princípios gerais de direito não se alicerçam em considerações de liames puramente biológicos ou em dados resultantes de faixas etárias.

7.2. Direito intertemporal: a igualdade entre adotados alcança adoções feitas antes da Constituição Federal de 1988

Por estranho que pareça, até hoje muitas pessoas não aceitam que adotados antes da Constituição Federal de 1988, pelo sistema do anterior Código Civil, tenham se tornado iguais aos demais filhos, em face do art. 227, § 6°, daquela Carta Magna.

No plano sucessório, nenhuma dúvida poderia existir, diante do art. 1.577 do Código Civil de 1916 e do art. 1.787 do atual Código Civil.

Não quero, porém, me restringir ao campo patrimonial, e o assunto comporta maior aprofundamento.

Vou ater-me ao campo técnico-jurídico. Contudo, se se tornar necessário no futuro, não fugirei da discussão dos aspectos emocionais, afetivos e morais, pois não me parece eticamente defensável como que uma matematização dos filhos, com alguns valendo metade, um terço, um quinto, etc., dos demais!... Ou se quer um filho ou não se quer um filho. Ou será que, por exemplo, alguns pretendem um empregado sem direitos trabalhistas?

Falta em nosso país uma maior reflexão sobre o direito intertemporal ou direito transitório. E diariamente se apresentam controvérsias seriíssimas neste assunto, em todos os ramos do direito. As mais desinformadas opiniões emergem, revelando a não-leitura dos clássicos e outras obras especializadas.

Os mais conhecidos cursos de direito civil repetem, como conhecimento primário e elementar, que *"as leis que definem o estado da pessoa aplicam-se imediatamente a todos que se achem nas novas condições previstas"*.[290]

E a explicação para que assim seja vem dos ensinamentos do grande mestre do direito intertemporal, Paul Roubier. É a distinção importantíssima entre contrato e estatuto legal. Diz ele a respeito:[291] *"Pour quune loi nouvelle puísse sappliquer à un contrat en cours, il faut quelle établisse ou modifie um statut légal, et quelle ne soit pas simplement une loi relative aux conditions de validité d'un contrat. Que faut-il entendre par là? Cette distinction du contrat et du statut legal correspond à celle des actes et des institutions; elle mest assez familière à la doctrine contemporaine, mais ele a été jusquici mal precisée, ce qui a provoque parfois des réactions violentes. Ce que lon peut dire de plus clair est ceci. Une loi est relative à une institution juridique lorsquelle vise des situations juridiques ayant une base en quelque sorte matérielle et concrète dans les personnes ou les choses qui nous entourent, et quelle crée directement sur cette base un réseau de pouvoirs et de devoirs, qui sont susceptibles dintéresser tout le monde. Par exemple, le mariage, ladoption, la propriété, etc., constituent dês institutions juridiques, cest-à-dire autant de status légaux. Au contraire, une loi est une loi contractuelle lorsquelle vise une situation juridique ayant une base en quelque sorte idéale et abstraite, en ce sens quelle*

---

[290] Caio Mário da Silva Pereira. *Instituições de direito civil – edição universitária.* Vol. I, 2ª ed. Rio de Janeiro: Forense, 1990. p. 116, n. 32.

[291] *Le droit transitoire (conflits des lois dans le temps).* 2ª ed. Paris: Éditions Dalloz et Sirey, 1960, p. 423 e 424, n. 84.

Estudos de DIREITO DE FAMÍLIA

établit, autour des situations précédentes, un ensenble de droits et dobligations entre les parties au contrat, que celles-ci sont libres en principe de déterminer elles-mêmes, et que dans bien des cas nintéressont quelles exclusivement. Par exemple, si le regime de la propriété constitue um statut legal, la vente constitue um moyen de transférer cette propriété dune personne à une autre, en créant autour de cette opération certaines obligations que les parties établiront entre elles pour régler leurs rapports respectifs. De même le regime du mariage constitue um regime legal, mais sur cette base de lunion des personnes les époux déterminent librement, par des conventions matrimoniales, um ensenble de droit et dobligations sur leurs patrimoines et les éléments que les composent".

Acrescenta Roubier que o estatuto legal constitui a situação jurídica primária, enquanto o contrato constitui a situação jurídica secundária, que é construída sobre a base da primária: as modificações introduzidas na primeira atuam sobre a segunda.

Quando se está diante de situação de estatuto legal, pouco sobra de espaço para as noções de direito adquirido, pois as partes celebraram determinado ato submetendo-se ao referido estatuto, e, portanto, anuíram desde logo nas futuras modificações que viesse a padecer o estatuto. Não há direito adquirido a um estatuto legal. Porque leis sobre estatuto legal versam sobre relações sociais fundamentais em qualquer coletividade, o interesse público justifica que lei nova passe a orientar os efeitos futuros do ato praticado. No estatuto legal, não tiveram as partes como ditar os efeitos jurídicos do ato celebrado, pois tal eficácia é rigidamente estabelecida em lei de regime estatutário. Nas leis de regime contratual dá-se o contrário, pois as partes têm ampla liberdade de escolher e dispor sobre os efeitos jurídicos do negócio.

Roubier, versando especificamente sobre a adoção,[292] disserta que nela as partes não são livres para estabelecer como quiserem os efeitos jurídicos do ato. A vontade das partes age na formação do ato, mas não no pertinente aos efeitos, previstos inafastavelmente na lei; assim, se a lei modifica os efeitos da adoção, ela não modifica os efeitos de um contrato, mas os de um estatuto legal.

Em nosso país, Wilson de Souza Campos Batalha acolhe a distinção de Roubier[293] e destaca que *"os efeitos da adoção, entretanto, são subordinados às leis sucessivas, por se tratar de estatuto legal: a esse respeito é de admitir-se a incidência imediata das leis novas".*

O caso é de efeito imediato e geral da lei nova, incidente sobre os efeitos jurídicos de um ato que ainda estão se produzindo. Não se cogita

---

[292] Ob. cit., p. 79 e 393.

[293] *Direito intertemporal.* Rio de Janeiro: Forense, 1980, p. 272.

de atingir efeitos já produzidos, mas apenas efeitos que venham a ocorrer. A regra do efeito imediato e geral é consagrada em nosso direito, como mostra Rubens Limongi França.[294] A eficácia imediata resguarda os efeitos que antecederam à lei, atingindo somente os posteriores, com o que se evita a retroação.

É certo que o efeito imediato não pode contrariar a Constituição Federal, quando esta protege o ato jurídico perfeito, o direito adquirido e a coisa julgada. Porém, como se viu, a categoria do direito adquirido perde sentido em se tratando de lei de estatuto legal. Se isto não bastasse, tem-se que: a) a proteção do ato jurídico perfeito diz com as condições e requisitos que regeram a constituição do referido ato; ora, a igualdade dos adotivos nada tem a ver com tais condições e requisitos, mas sim com os efeitos do ato em instante posterior;[295] b) nem haveria como falar em um direito adquirido a ter permanentemente um filho em *status* inferior, como que uma parcela de filho, um pedaço de filho, um terço ou um quarto de filho.

Não é dado desconhecer a lei como pretexto para não segui-la. A adoção é ato por demais sério para que se efetive sem pleno conhecimento de suas conseqüências, o que exige aconselhamento jurídico com profissional habilitado. Quem adota deve saber que lei nova produzirá efeito sobre a adoção.

Nos pretórios, os arestos sobre a questão sucessória têm proclamado a igualdade do adotivo diante dos filhos biológicos, mesmo sendo a adoção pelo sistema do Código Civil de 1916 e anterior à Constituição Federal de 1988.[296]

Resta desejar que a resistência emocional e passional à igualdade dos adotivos anteriores à Constituição Federal de 1988 termine por ceder diante da contundência e caráter pacífico das opiniões doutrinárias e das decisões dos tribunais, amparadas por uma visão mais profunda da perspectiva ética e da real nobreza de sentimento e afeto.

A adoção é instituto por demais sublime e grandioso, para que se o amesquinhe com exegeses restritivas, alicerçadas no fechamento egoístico da família consangüínea, em estranhas concepções sobre meias filiações e no aceitar de uma desigualdade que provocará problemas psicológicos ao adotado, tudo em nome de interesses menores, porque puramente patrimoniais, ou seja, vinculados à herança (é muito difícil ver alguém discutir o tema quando não há herança envolvida).

---

[294] *Direito intertemporal brasileiro*. 2ª ed. São Paulo: RT, 1968, p. 420.

[295] Interessante constatar que o novo Código Civil, em seu art. 2.035, estipula que, mesmo para negócios jurídicos em geral (não apenas estatuto legal), os efeitos produzidos após o mencionado Código são por ele regidos.

[296] RT 647/173; *Revista Trimestral de Jurisprudência dos Estados*, 82/152; *Revista Jurídica*, 168/91; *Boletim IOB de jurisprudência*, n° 20/91, p. 426, n. 6.137.

Estudos de DIREITO DE FAMÍLIA

8. Alimentos na investigação de paternidade e na guarda compartilhada

8.1. Introdução

O presente texto versa sobre alguns aspectos dos alimentos no Direito Brasileiro, relacionados com a investigação de paternidade e a guarda conjunta. Pelo objetivo global desta obra decorre uma limitação espacial que condiciona a quantidade e extensão dos temas abordáveis. Forçosamente, precisarei selecionar questões de maior relevância prática e causadoras de polêmicas mais comuns. Resta desejar que a brevidade não prejudique os conteúdos expostos.

8.2. Alimentos na investigação de paternidade

8.2.1. O pedido alimentar determina a competência

Resolvida a propositura de ação de investigação de paternidade (ou maternidade) cumulada com ação de alimentos, um primeiro problema merecedor de destaque com que se depara o profissional do direito se relaciona com a determinação do juízo competente.

Desnecessário, por elementar, analisar a possibilidade de propositura daquelas demandas em conformidade com a espécie de filiação, discussão totalmente afastada desde a igualdade constitucional dos filhos imposta pela Constituição Federal de 1988, agora estabelecida em termos de novo Código Civil. Revogada que está a Lei n° 883/49, a ação investigatória pode ser intentada em qualquer momento, não importando que o investigado seja casado com mulher que não a mãe ou que a mãe seja casada com homem que não seja o alegado pai. Não importa também se o investigante é filho incestuoso. São matérias antes ensejadoras de várias discussões, hoje superadas. Surpreende é o art. 1.705 do novo Código Civil, pois que:

Estudos de DIREITO DE FAMÍLIA

1°) induz o equívoco de que não seja necessária a cumulação com a investigatória de paternidade; 2°) como bem disserta Francisco José Cahali,[297] é regra *"desnecessária, ultrapassada, e até retrógrada na mentalidade"*, dado que *"Nossos alunos já aprendem que os filhos têm os mesmos direitos, e assim, independentemente da origem (filiação natural ou mesmo civil) podem acionar o genitor. Transmitir a regra proposta representa reviver o passado"*.

Como aponta Yussef Said Cahali,[298] a jurisprudência se firmou no sentido de que, no conflito entre o foro geral (foro do réu da ação investigatória cumulada com ação de alimentos) e o foro especial (foro de quem pede alimentos, juntamente com investigatória de paternidade), deve prevalecer o segundo, em razão da relevância da pretensão alimentar, que diz com a vida e a vida com dignidade, valor máximo. Em termos práticos, não há mais o que debater, em face da súmula 1 do STJ: *"o foro do domicílio ou da residência do alimentando é o competente para a ação de investigação de paternidade, quando cumulada com a de alimentos"*.

8.2.2. Possibilidade de os alimentos serem concedidos antes da sentença, inclusive para o nascituro

Sem dúvida, cogita-se de tema de grande importância teórica e prática.

Preliminarmente, cumpre constatar que, em sede de investigatória cumulada com alimentos (ambas são, é claro, ações de conhecimento) a hipótese é de alimentos provisionais, e não de alimentos provisórios,[299] estes destinados aos casos em que há prova documental da paternidade, consoante a Lei n° 5.478/68, em seu art. 2°, *caput*. Na verdade, os alimentos provisionais, por suas características específicas, não participam do gênero proteção cautelar, pois, como assinalou Lopes da Costa, é providência que *"não visa a garantir a futura satisfação de um direito, pois tende desde logo a realizar a pretensão"*.[300] Em conseqüência, os alimentos provisionais têm a natureza de tutela antecipada. Aliás, o surgimento da tutela antecipada em nosso direito processual é suficiente para ultrapassar as antigas controvérsias sobre a possibilidade de alimentos antes da sentença, tornando inquestionável esta possibilidade.

---

[297] *Direito de Família e o Novo Código Civil*, obra com vários autores e coordenada por Maria Berenice Dias e Rodrigo da Cunha Pereira. Belo Horizonte: Editora Del Rey e IBDFAM, 2001, p. 187.

[298] *Dos Alimentos*. 3ª ed. São Paulo: RT, 1999, p. 623 e 624.

[299] Já tive posição pela identidade entre as duas figuras, mas fui convencido do contrário pelos excelentes estudos de Carlos Alberto Alvaro de Oliveira: a) *Comentários ao Código de Processo Civil*. Vol. VIII, tomo II, 3ª ed. Rio de Janeiro: Forense, 1998, p. 255 a 259, item 85; b) *A Tutela de Urgência e o Direito de Família*. 2ª ed. São Paulo: Saraiva, 2000, p. 83 a 88, item 34.

[300] Yussef Said Cahali, em ob. cit., p. 879.

Mesmo diante dos termos do art. 5° da Lei n° 883/49, que só permitia alimentos depois da sentença de primeiro grau favorável ao investigante, já se decidia pelo cabimento imediato dos alimentos como seqüela do art. 852 do Código de Processo Civil de 1973, em seu art. 852, inciso II. Com efeito, o art. 852 integra lei federal posterior à Lei 883/49; ora, havendo uma ação de conhecimento de alimentos (cumulada com a ação investigatória), não havia como deixar de aplicar a possibilidade da cautelar prevista no art. 852 mencionado.[301] A Lei n° 8.560/92 alterou completamente os termos do problema, quando, em seu art. 7° dispôs que *"Sempre que na sentença de primeiro grau se reconhecer a paternidade, nela se fixarão os alimentos provisionais ou definitivos do reconhecido que deles necessite"*. A redação desta pauta normativa, mesmo que assim não pareça em uma primeira leitura, difere radicalmente do texto do art. 5° da Lei 883/49: este só permitia alimentos depois da sentença favorável ao investigante; a Lei 8.560/92 *ordena* fixação de alimentos na sentença de primeiro grau que der pela procedência da investigatória, mas não proíbe arbitramento precedente dos alimentos. A meu pensar, é correto que assim seja, pois, cotejando o risco sofrido pelo investigante, se ainda menor (a grande maioria das ações investigatórias se situa nesta faixa etária, e, de resto, se já adulto o investigante é bem menos provável que necessite de alimentos) e pelo investigado, ou seja, comparando os valores envolvidos, tenho como certo que não se pode assumir a possibilidade de a criança passar fome, só para proteger o investigado do risco de pagar alimentos irrestituíveis e dados mais tarde como indevidos (ação investigatória improcedente); entre outros aspectos, basta lembrar que a desnutrição em tenra idade pode comprometer, de maneira irreversível, o adequado desenvolvimento mental e físico.

A propósito, se concedidos os alimentos a título de tutela antecipada, não se tem considerado como obstáculo para tal a exigência de reversibilidade, contida no art. 273, § 2°, do Código de Processo Civil (os alimentos são irrestituíveis ou irrepetíveis); assim é pela extrema importância da verba alimentar, tantas vezes salientada neste texto. Teori Albino Zavascki[302] ensina que a exigência de reversibilidade "deve ser relativizada, sob pena de comprometer quase por inteiro o próprio instituto da antecipação de tutela. Com efeito, em determinadas circunstâncias, a reversibilidade corre algum risco, notadamente quanto à reposição *in natura* da situação fática anterior. Mesmo nestas hipóteses, é viável o deferimento da medida desde que manifesta a verossimilhança do direito alegado e dos riscos decorrentes da sua não fruição imediata. Privilegia-se, em tal situa-

---

[301] Conf. Edgard de Moura Bittencourt. *Alimentos*. 4ª ed. São Paulo, Leud, 1979, p. item 36.

[302] *Antecipação da Tutela*. 2ª ed. São Paulo: Saraiva, 1999, p. 97.

Estudos de DIREITO DE FAMÍLIA

ção, o direito provável em relação ao improvável". É verdade que Teori Albino Zavascki reclama seja prestada caução em casos desta espécie. Porém, tenho que nem isto cabe fazer em termos alimentares, pela absoluta peculiaridade da situação, quando está envolvida a preservação da vida e/ou de uma vida digna, e, em regra, o postulante dos alimentos não tem valores que lhe permitam caucionar.. Tanto é assim que Yussef Said Cahali, apoiado em Ovídio Araújo Baptista da Silva, opta pela possibilidade jurídica da antecipação de tutela alimentar, sem acrescentar ordem de caução.[303] Nem haveria razoabilidade em impor caução, raciocinando em termos de tutela antecipada, quando, se enfocado o tema sob o prisma cautelar, esta exigência não existe.[304]

A divergência, felizmente, foi posta de lado pela introdução da tutela antecipada – há pouco mencionada – em nosso direito processual, obviamente aplicável aos alimentos em uma investigatória. Agora, com o novo Código Civil, mais ainda ficou sepultada qualquer objeção, diante do art. 1.706, que não coloca momento processual para a postulação de alimentos provisionais. Anote-se que já em 2001 o Centro de Estudos do Tribunal de Justiça do Rio Grande do Sul, em sua Conclusão n° 26, deliberou, por unanimidade, que *"Em ação de investigação de paternidade, sendo menor o investigante – e presumida, em caráter relativo, a necessidade – devem ser fixados alimentos independentemente de pedido"*.

A dúvida deslocou-se do plano técnico-jurídico para o plano fático-probatório. Importa é que haja ou não prova desde logo da suposta paternidade. Belmiro Pedro Welter[305] enumera, exemplificativamente, uma série de dados probatórios que permitem fixação dos alimentos provisionais tão logo proposta a ação investigatória cumulada com alimentos (fotografias, cartas, certidão de batismo, casamento religioso, justificação judicial, seguro de vida do investigado em benefício do investigante ou de sua mãe, prova pericial indicando paternidade, etc.). Evidente que pode a parte autora se valer da justificação preliminar (inquirição de testemunhas) do art. 804 do Código de Processo Civil (providência tantas vezes esquecida). Belmiro Pedro Welter cita também, como prova suficiente à concessão dos alimentos provisionais, a negativa injustificada do investigado em se submeter ao exame pericial, aludindo a julgamentos do Egrégio Tribunal de Justiça gaúcho sobre o assunto;[306] aliás, esta negativa injusti-

---

[303] Ob. cit., p. 636.

[304] O art. 804 do Código de Processo Civil prevê que o juiz "possa" determinar caução.

[305] *Investigação de Paternidade*. Tomo I, Porto Alegre: Síntese, 1999, p. 316 e 317.

[306] Ob. cit., p. 317, nota de rodapé n° 344. Agravo de instrumento n° 596123349, julgado, em 08.08.96, pela 8ª Câmara Cível do TJRGS, sendo Relator o Des. Eliseu Gomes Torres; deliberação unânime.

ficada ao exame pericial tem resultado ainda mais fatal ao investigado em face dos arts. 231 e 232 do novo Código Civil, notadamente o segundo.[307]

Por fim, interessante verificar que vem sendo admitido possa o nascituro investigar paternidade e postular alimentos, o que, é lógico, implica alimentos provisionais. Argumentou-se contra com base no art. 4°, primeira parte, do revogado Código Civil, pois ali é afirmado que a personalidade civil do homem começa do nascimento com vida. Ora, foi deixada de lado a segunda parte, quando declara que *"a lei põe a salvo desde a concepção os direitos do nascituro"*. Que direitos seriam estes, se o direito à vida não estivesse preservado pelo recebimento de alimentos, capazes de permitir que a mãe nutra o filho que está em seu ventre?! A interpretação sistemática, sobre dispositivos outros do Código Civil de 1916, apoiava a conclusão pela licitude da investigatória e dos alimentos: o art. 357, parágrafo único, permitia o reconhecimento de filho antes de seu nascimento, e o art. 1.169 acolhia o direito do nascituro de receber doação. Há muito tempo o TJRS já decidiu que o nascituro podia propor ação de investigação de paternidade: RJTJRGS 104/418; também o fez o TJSP: Revista de Direito Civil, 68/181. Silmara J. A. Chinelato e Almeida[308] fundamenta bem a imprescindibilidade de serem acatados alimentos para o nascituro, incluídos nestes *"a adequada assistência médico-cirúrgica pré-natal, em sua inteireza, que abrange as técnicas especiais (transfusão de sangue, em caso de eritroblastose fetal, amniocentese, ultra-sonografia) e cirurgias realizadas em fetos, cada vez mais freqüentes, alcançando, ainda, as despesas com o parto"*.[309] Não é diferente a opinião de Benedita Inêz Lopes Chaves.[310] Com toda a vênia, espanta-me que ainda haja posições em contrário, sem dúvida baseadas em uma visão puramente tecnicista e lógico-formal do direito,[311] que deixa de lado, além disto, a exegese siste-

---

[307] O rigor do TJRS para com a conduta dos réus que se negam ao exame pericial se revelou na Conclusão n° 20 de seu Centro de Estudos (unânime), que assim está redigida: "Caracteriza litigância de má-fé a conduta do réu de ação investigatória de paternidade que, negando-se, injustificadamente, a realizar exame pericial, pugna pela improcedência exclusivamente por insuficiência probatória".

[308] *Tutela Civil do Nascituro*. São Paulo: Saraiva, 2000, p. 239 a 245.

[309] Ob. cit., p. 243.

[310] *A Tutela Jurídica do Nascituro*. São Paulo: LTr, 2000, p. 93 a 95.

[311] A. L. Machado Neto. *Introdução à Ciência do Direito*. São Paulo: Saraiva, 1960, p. 222, mostra, com base na teoria de Carlos Cossio (*La Teoria Egológica Del Derecho y el Concepto Jurídico de Liberdad*. 2ª ed. Buenos Aires: Abeledo-Perrot, 1964, p. 54 a 101), como o direito é objeto cultural – com o que o componente axiológico integra sua essência – e não objeto ideal ou objeto natural, pelo que não comporta abordagem por um método racional-dedutivo ou empírico-indutivo, mas sim por um método empírico-dialético. Também na Escola Culturalista (no Brasil tão bem representada, no campo filosófico, por Miguel Reale), Luis Recasens Siches (*Tratado General de Filosofia Del Derecho*. 7ª ed. México: Editorial Porrua, 1981, p. 660 a 664) leciona que a lógica do direito é uma lógica do razoável (alguns falam em lógica material ou lógica dialética ou lógica concreta). Foi exatamente o que quis dizer acórdão do Superior Tribunal de Justiça (REsp 4.987-RJ, encontrável em *Boletim IOB de Jurisprudência* n° 23/91, p. 502, item 6330, e em *Lex – Jurisprudência do STJ e TRFs*, 32/159),

mática construída a partir da Constituição Federal. Trata-se simplesmente do maior de todos os direitos, que é o direito à vida e à vida com dignidade! Bastaria uma leitura do art. 1°, inciso III, da Constituição Federal, que situa a dignidade da pessoa humana como um dos fundamentos da República Federativa do Brasil. De que adianta pôr a salvo os direitos do nascituro desde a concepção, se ele vier a morrer por falta de alimentos?!

8.2.3. Momento a partir do qual são devidos os alimentos fixados em sentença que der pela procedência da investigação cumulada com alimentos

Este tema foi objeto de intensas polêmicas, produzindo até mesmo estranha flutuação da jurisprudência dominante no Superior Tribunal de Justiça.

Hoje, contudo, pacificou-se que os alimentos são devidos desde a citação, e não somente a partir da sentença.

Tem sido aplicado o art. 13, §2°, da Lei n° 5.478/68.

No Rio Grande do Sul não há mais voto vencido sobre o assunto. O Centro de Estudos do TJRS, em sua Conclusão n° 18, por unanimidade, decidiu que *"Alimentos fixados em sede de ação investigatória de paternidade são devidos desde a data da citação"*.

O Superior Tribunal de Justiça fixou orientação pelo débito alimentar desde a citação. Exemplo característico foi o julgamento unânime de embargos de divergência no REsp n° 85685-SP, ocorrido em reunião da Segunda Seção, em 18 de fevereiro de 2002, sendo Relatora a Ministra Nancy Andrighi.[312] A matéria já foi até sumulada: Súmula 277 do STJ.

Além do argumento baseado no artigo cit. da Lei Alimentar, influiu para prevalecer a orientação ora dominante a extrema significação valorativa dos alimentos, pela faceta, antes apontada com insistência, de que têm eles a ver com a manutenção da vida e da vida digna.[313]

---

quando preconizou que a interpretação das leis não deve ser formal, mas real, humana, socialmente útil. O direito é sim um sistema, mas sistema no sentido de *"ordem axiológica ou teleológica de princípios jurídicos gerais"*, no dizer corretíssimo de Claus-Wilhelm Canaris, sucessor de Karl Larenz na cátedra em Munique (*Pensamento Sistemático e Conceito de Sistema na Ciência do Direito*. Lisboa: Fundação Calouste Gulbenkian, 1989, p. 280).

[312] Fonte: DJ de 24.06.2002, p. 180.

[313] É tão incontornável o ângulo valorativo que o próprio Hans Kelsen teve de aceitá-lo – nem era de se esperar outra conduta de uma mente realmente genial – em termos de lógica jurídica decisional, distinguindo-a de sua lógica jurídica proposicional, consubstanciada na teoria pura do direito: *Teoria Pura do Direito*. Vol. II, 2ª ed. Coimbra: Arménio Amado – Editor, Sucessor, 1962, p. 283 a 298.

8.2.4. Até quando permanecem os alimentos provisionais vincendos, em face de sentença de improcedência da investigatória cumulada com alimentos? E os vencidos?

A primeira questão proposta não tem a ver com a possibilidade, sempre presente, de os alimentos provisionais serem alterados, para mais ou para menos, ou mesmo eliminados (hipótese de desaparecimento dos provisionais seria a mudança da condição econômico-financeira do alimentado, que, por exemplo, recebesse doação que lhe permitisse viver muito bem) em decorrência de fatos novos surgidos no tramitar do processo (questão exclusivamente fático-probatória). Esta possibilidade é aceita com tranqüilidade pela doutrina e pelos tribunais até em face da obviedade dos motivos.[314]

O problema reside em saber se, concedidos os provisionais antes da sentença, prevaleceriam eles, até o trânsito em julgado, se esta e/ou o acórdão derem pela improcedência da investigatória, ou se ficariam automaticamente afastados (questão essencialmente legal ou técnico-jurídica). É tema de maior complexidade e que exige indagação mais profunda.

Amostra de que não é possível subestimar a dificuldade é visível na exposição de Yussef Said Cahali, quando aparece bem o verdadeiro tumulto que cerca o assunto, com intensas divergências doutrinárias e jurisprudenciais,[315] capazes de caracterizar sério obstáculo à tentativa de sistematização.

Carlos Alberto Alvaro de Oliveira, a partir da distinção antes mencionada entre alimentos provisórios e provisionais, afirma que o art. 13, § 3º (*"os alimentos provisórios serão devidos até a decisão final, inclusive o julgamento do recurso extraordinário"*) apenas se aplica aos primeiros. Diz ele: *"A diversidade estrutural entre as duas tutelas, concedidos os 'provisionais' em razão de probabilidade e os 'provisórios' quando demonstrado inicialmente o dever alimentário, conduz, ainda, a outra conseqüência. Enquanto os alimentos antecipados ficam mantidos até o julgamento dos recursos ordinários, salvo revogação anterior à sentença ou se o acórdão desfavorecer o autor,[316] os 'provisórios' serão devidos*

---

[314] O art. 807 do Código de Processo Civil faculta a revogação ou modificação da cautelar a qualquer tempo. O mesmo se aplica à tutela antecipada: art. 273, § 4º, do Código de Processo Civil. Idêntico regime vigora para os alimentos provisórios da Lei nº 5.478/68. art. 13, § 1º.

[315] Ob. cit. p. 654 a 658 e p. 906 a 927.

[316] Neste ponto cabe uma observação: ou não captei bem o raciocínio de Carlos Alberto de Oliveira ou teria ele deixado implícito que os recursos ordinários não mantêm os provisionais caso a sentença seja desfavorável ou teria havido, com toda a vênia, equívoco de sua parte, pois não vejo como possam permanecer os alimentos provisionais quando a sentença na investigatória for pela improcedência, questão à qual retornarei.

Estudos de DIREITO DE FAMÍLIA

até a decisão final, inclusive o julgamento do recurso extraordinário ou especial (Lei 5.478, art. 13, § 3°). A respeito é interessante ressaltar que, embora se discuta na jurisprudência o alcance deste dispositivo em caso de modificação, na sentença ou acórdão, do 'quantum' da pensão, prevalece o entendimento de que os alimentos 'provisórios', liminarmente concedidos, só podem ser cassados depois da decisão final da causa, inclusive do recurso extraordinário, quando transita em julgado a decisão nesse sentido".[317] Mais adiante, retornando à matéria ora em estudo, além do tema pertinente à alteração do quantitativo dos alimentos provisionais, arremata o insigne jurista: *"A alteração do 'quantum' antecipado, com a superveniência da sentença de primeiro grau, faz cair a determinação anterior, em virtude da cognição exauriente exercida pelo órgão judicial. Não haveria razão lógica ou jurídica para entendimento contrário. Para evitar qualquer dúvida, contudo, conveniente manifestação expressa do prolator da sentença a respeito do ponto, ainda mais diante da possibilidade de a tutela antecipada vir a ser modificada a qualquer tempo (art. 273, § 4°). Se duas instâncias ordinárias repeliram a demanda, ou mesmo, se só o tribunal o fizer, ao prover recurso do réu, não se pode presumir, em prol do autor, a existência do 'fumus boni iuris', essencial par a eficácia da antecipação.*[318] *Os alimentos "provisionais" mantêm-se, assim, até o julgamento dos recursos ordinários, mas, não, se o acórdão desfavorecer o autor. A regra do art. 13, § 3°, da Lei n° 5.478/68, observe-se, aplica-se somente aos procedimentos específicos regulados por aquele diploma legal. Na antecipação o sistema é diverso e decorre de interpretação construtiva do disposto no art. 273".*

Na mesma linha de pensamento é a posição de Belmiro Pedro Welter,[319] que, aliás, cita acórdão do qual fui Relator quando integrava o Egrégio Tribunal de Justiça gaúcho.[320] Neste julgamento, fiz a distinção, antes abordada por Carlos Alberto Alvaro de Oliveira, entre alimentos provisórios e provisionais, para concluir que o art. 13, § 3°, da Lei de Alimentos, não se refere aos segundos, mas apenas aos primeiros. Apenas causa alguma dúvida a posição do Ilustre jurista quando opta pela não-distinção entre provisórios e provisionais, para fins do exame da permanência ou não das providências jurídicas em tela até o trânsito em julgado, pois, salvo melhor juízo e incompreensão de minha parte, precisaria ser enfrentado o artigo citado da Lei Alimentar.

---

[317] Ob. cit., p. 87 e 88.

[318] Esta nota é de minha lavra e visa a noticiar que Carlos Alberto Alvaro de Oliveira se reporta à lição de Galeno Lacerda e a acórdão do Superior Tribunal de Justiça.

[319] Ob. cit., p. 326 a 328.

[320] RJTJRGS 179/248.

Mais um exemplo típico da complexidade da matéria nos é dada por Yussef Said Cahali. O Mestre paulista reconhece ter identificado alimentos provisórios e provisionais, pelo menos em sede de ação de alimentos, mas passou a admitir que a diferenciação deve ser feita, pelo menos em sede de separação judicial ou divórcio, parecendo acatar a "distinção científica" feita por Carlos Alberto Alvaro de Oliveira.[321] Entretanto, apesar de expressa dissertação de Carlos Alberto no respeitante aos provisionais e aos provisórios em geral, Yussef Said Cahali[322] transcreve e concorda com lição de Orlando Gomes e Nélson Carneiro: *"embora a lei não o diga expressamente, é óbvio que a decisão final, contrária ao filho, poderá determinar a cassação da prestação alimentar. Não a cancela a decisão desfavorável, proferida em grau de apelação, se sujeita a qualquer recurso"*. Explicita Cahali que estão compreendidas as impugnações recursais extremas e especiais. E prossegue: *"Não há razão, com efeito, de se atribuir aos alimentos provisionais fixados pela sentença (art. 5° da Lei 883/49 e art. 7° da Lei 8.560/92) tratamento diverso daquele concedido aos alimentos provisórios fixados com fundamento na Lei 5.478 (arts. 4° e 13, §§ 1° e 3°); à diferença do que ocorre com os alimentos provisionais concedidos em medida cautelar inominada (ver jurisprudência a que se refere a nota 244, retro). Daí recomendar-se que, concedidos alimentos provisionais em medida cautelar inominada em processo apartado e apensado, sejam eles substituídos pelos alimentos provisionais do art. 5° da Lei 883/49; improcedente a ação de investigação de paternidade, cessa a eficácia da medida cautelar (art. 808, III, do CPC)"*.[323] No entanto, em linhas gerais, Yussef Said Cahali acompanha o ensinamento de Carlos Alberto Alvaro de Oliveira, a partir da distinção entre alimentos provisórios e provisionais, com o que é para os primeiros que vale o art. 13, § 3°, da Lei 5.478/68.

Urge tentar uma conclusão. Mantendo a posição, antes referida, que assumi por ocasião do julgamento em nosso Tribunal (acórdão publicado em RJTJRGS 179/248), oportunidade na qual defendi a tese de que não podem prevalecer os alimentos provisionais (não os provisórios da Lei Alimentar) quando a sentença é de improcedência, pois a tanto não leva a suspensividade recursal. Faço a distinção entre alimentos provisórios e provisionais, tão bem exposta por Carlos Alberto Alvaro de Oliveira. Aos provisórios é que se aplica o art. 13, § 3°, da Lei 5.478/68.

Ademais, quando a sentença for de improcedência da investigatória cumulada com alimentos, mesmo que a parte autora apele, os alimentos

---

[321] Ob. cit., p. 885 a 888.

[322] Ob. cit., p. 656.

[323] Ob. cit., p. 656 e 657.

Estudos de DIREITO DE FAMÍLIA

provisionais não mais precisam ser pagos; assim é porque: 1°) se enfocado o tema como envolvendo cautelar de alimentos provisionais, o efeito recursal é apenas devolutivo, conforme o art. 520, inciso IV, do Código de Processo Civil. 2°) Encarada a questão pelo prisma da tutela antecipada, a suspensividade recursal de nada adianta, pois a sentença foi pela derrubada daquela tutela (o art. 520, VII, do Código de Processo Civil impõe o efeito meramente devolutivo somente quando a sentença confirmar a antecipação da tutela, mas não quando rejeitar a pretensão que a amparou). Não se suspende uma negação. Se a sentença negou a paternidade e negou os alimentos, o efeito suspensivo da apelação é inútil. Teori Albino Zavascki[324] ensina que, quando a sentença julga improcedente o pedido – e, portanto, revoga expressa ou implicitamente a tutela antecipada – o efeito suspensivo do recurso não tem, por si só,[325] o condão de suspender a revogação. 3°) Não seria razoável e justo que uma tutela antecipada, concedida com base em cognição precária, prevalecesse sobre o conteúdo sentencial, constituído sobre amplo, profundo e total exame fático-probatório do litígio; basta ver como seria estranho o prosseguimento da obrigação de pagar provisionais depois de uma sentença de improcedência alicerçada em *todos* os elementos de prova, inclusive exames periciais conclusivos e bem elaborados!

Contudo, forçoso admitir persiste a existência de prestigiosa orientação em sentido diverso daquela que acima defendo. No acórdão de minha lavra, noticiei a polêmica sobre a matéria, de resto bem exposta por Yussef Said Cahali, como antes visto, que longamente arrolou várias posições doutrinárias e jurisprudenciais. Assim, por exemplo, o Egrégio Superior Tribunal de Justiça, ao decidir o REsp n° 296039/MT, julgado pela Quarta Turma em 22.05.2001, sendo Relator o Ministro Ruy Rosado de Aguiar, deliberou que "*A decisão concessiva de alimentos provisionais em favor da autora da ação de dissolução da união estável, se não revogada ou reduzida – o que pode ser obtido a qualquer tempo, – permanece eficaz depois da sentença de improcedência, objeto de apelação nos dois efeitos, pelo que a autora pode promover a execução das prestações vencidas após o julgamento*".[326] É verdade que o acórdão diz com união estável, mas sem dúvida seus parâmetros são aplicáveis, em princípio, a uma situação de alimentos para investigante. Importante ressaltar que o acórdão expressamente alude a *prestações vencidas após o julgamento*; realmente é o que torna mais significativo o decisório para o assunto ora em discussão, quando não se está discutindo a eficácia retroativa ou não, para fins

---

[324] Ob. cit., p. 99.

[325] Atenção para a expressão "por si só", que é importante, pois, em situações excepcionais e graves, pode a parte autora obter a permanência da tutela antecipada pelo uso de remédio jurídico adequado.

[326] Fonte: DJ de 20.08.2001, p. 475 (página do STJ na Internet).

alimentares, de sentença que dá pela improcedência de investigatória, ou seja, se ainda seria possível executar prestações provisionais vencidas, tema que levarei em consideração depois.

A orientação divergente radica sua compreensão no interesse em garantir alimentos o mais possível, na medida em que eles estão relacionados com a vida e com a vida com dignidade, valores maiores do sistema jurídico. É postura muito respeitável, mas que, como tudo na vida, deve ter seus limites.[327] Fico à vontade, pois só tenho antipatia por aqueles que fazem filhos e não os querem assumir e por aqueles que se negam a pagar alimentos. Tanto é assim que, exemplificativamente, quando juiz em vara de família nunca hesitei em ordenar prisão de devedores inadimplentes de alimentos, mesmo que eles tivessem bens para serem penhorados; na época, impetrado *habeas corpus*,[328] o Tribunal de Justiça do R. G. do Sul os concedia, pois seguia a tese da impossibilidade de prisão quando há bens penhoráveis; teimei, continuando a ordenar as prisões, assim como o Egrégio Tribunal também "teimava" e prosseguia deferindo os hábeas-córpus. Esta proteção dos alimentandos, porém, não pode se apartar de elementos básicos do direito positivo e de razoabilidade. Disse e repito: é um excesso manter os alimentos, pelo menos os vincendos, quando uma sentença, após amplo e profundo exame probatório, resolveu pela inexistência da suposta paternidade. Vou repetir e enfatizar que, para casos teratológicos (grave equívoco judicial na sentença) sempre haveria solução excepcional dentro do sistema jurídico pátrio, como, por exemplo, pela utilização de pedido de tutela antecipada perante a superior instância,[329] A proteção ao investigante e alimentando não pode passar por cima até dos princípios fundamentais do processo, como o de igualdade das partes, resguardo do direito de defesa, proteção ao contraditório. Por isso ainda não aceito que a recusa à perícia produza, como alguns julgados resolveram, presunção de desistência da contestação, ou que se despreze a garantia constitucional da coisa julgada, reabrindo processos de investigação de paternidade já concluídos e com formação de coisa julgada material.

Para finalizar, parece-me oportuno lembrar advertência de Belmiro Pedro Welter,[330] no sentido de que, qualquer que seja a conclusão do debate quanto aos efeitos recursais em matéria alimentar (na cumulação

---

[327] Os estudiosos do Direito Constitucional sabem que até os princípios e direitos mais fundamentais são sempre relativizados e nunca absolutizados, sendo muitas vezes necessário o cotejo de valores quando há conflito entre eles, como, por exemplo, entre princípios e normas de uma Constituição Federal.

[328] Grafia recomendada pelo professor Adalberto J. Kaspary: *Habeas Verba – Português para Juristas*. Porto Alegre: Livraria do Advogado, 1994, p. 95.

[329] Willian Santos Ferreira. *Tutela Antecipada no Âmbito Recursal*. São Paulo: RT, 2000, p. 289 a 293.

[330] Ob. cit., tomo I, p. 341.

Estudos de DIREITO DE FAMÍLIA

deste pedido com investigatória), no tocante ao pedido de investigação em si a regra é a normal do Código de Processo Civil, ou seja, recebimento do apelo nos efeitos devolutivo e suspensivo. Com efeito, *"não se pode reconhecer os efeitos do reconhecimento forçado à paternidade, como, por exemplo, o direito à herança, ao pátrio poder, ao parentesco e ao nome, enquanto não transita em julgado a sentença"*. A propósito, no acórdão em que fui relator (antes citado), preocupei-me em mostrar como a melhor doutrina admite esta cisão nos efeitos recursais, quando resolvidos diferentes questões e pedidos em uma mesma sentença.

Falta examinar a influência da sentença, que dá pela improcedência da investigatória ou reduz os alimentos, sobre alimentos vencidos.

Improcedente a ação, ainda seria possível executar os alimentos vencidos e não cobrados? Se a sentença resolve pela procedência da investigatória, mas reduz o valor dos alimentos provisionais, esta redução tem eficácia retroativa?

Por argumentos semelhantes aos que há pouco enumerei (item 4.1 deste texto), penso que a sentença deve prevalecer, sendo descabido cobrar provisionais em atraso, e, por outro lado, se reduzidos os alimentos, esta diminuição deve-se refletir sobre os alimentos provisionais pretéritos. Se a sentença efetuou, presumidamente, o exame global e total de todas as provas, concluindo pela improcedência da ação ou por valor menor de alimentos, não vejo, em termos de razoabilidade, porque não deva se sobrepor ao que era precário e provisório.

Yussef Said Cahali[331] noticia a tendência de várias decisões em fazer valer, retroativamente, o quantitativo de alimentos decidido pela sentença. Inclusive, disserta o Eminente Jurista, esta tendência aparece, ainda que em menor quantidade, até para os alimentos provisórios (Lei 5.478/68), para casos mais excepcionais.

É ainda Cahali que reputa razoável o entendimento jurisprudencial de que, se não pagos os provisionais vencidos, deixam de ser devidos quando a sentença repele os alimentos.[332] Porém, reconhece inclinação adversa do STJ,[333] que resolveu: *"tendo a mulher obtido a concessão de alimentos provisionais, através de medida cautelar, a superveniência de sentença favorável ao alimentante, na ação principal de separação judicial, não lhe afeta o direito de executar as prestações vencidas e não pagas. A característica de antecipação provisória d prestação jurisdicional, somada à de irrepetibilidade dos alimentos, garantem a eficácia plena da decisão concessiva dos alimentos provisionais. Do contrário, os*

---

[331] Ob. cit., p. 916 e 917.

[332] Idem, p. 920 e 921.

[333] Idem, p. 926 e 927.

devedores seriam incentivados ao descumprimento, aguardando o desfecho do processo principal". O acórdão diz respeito a alimentos provisionais em separação judicial, mas a solução seria a mesma para a investigação de paternidade, em face dos fundamentos do acórdão. Com toda a vênia, mantenho meu entendimento de que o precário e o provisório não devem estar acima do que é resolvido com base em exame pleno e detalhado do conjunto probatório. Veja-se a perplexidade de ter de ordenar a prisão de alguém pelo não-pagamento de alimentos provisionais vencidos, em investigatória, quando já há sentença que afirma que o investigado não é o pai do investigante.

8.3. Alimentos na guarda compartilhada

8.3.1. A possibilidade da guarda compartilhada no direito brasileiro. Suas vantagens e aparentes desvantagens

A guarda compartilhada ou guarda conjunta de menores pode ser plenamente aceita em nosso sistema jurídico, mesmo ausente previsão legal específica. Procurei demonstrar esta asserção em artigo doutrinário que publiquei em 1986.[334] Evitando repetir-me, tenho aqui como reproduzidos os argumentos que naquela oportunidade expendi. Na ocasião também esbocei algumas informações de direito comparado.

Boas monografias e outros artigos doutrinários vieram a surgir expondo a compatibilidade da guarda compartilhada com nosso sistema jurídico e aprofundando a matéria sob outros ângulos: sem dúvida avançaram muito em relação a mim, que apenas enunciei algumas linhas gerais. Cito os livros de Waldyr Grisard Filho[335] e Karen Ribeiro Pacheco Nioac de Salles[336] e os artigos de Denise Duarte Bruno,[337] Lia Justiniano dos Santos,[338] Maria Lúcia Luz Leiria[339] e Patrícia Pimentel de Oliveira Chambers Ramos.[340]

---

[334] A Guarda Conjunta de Menores no Direito Brasileiro, em *Revista AJURIS*, Porto Alegre, março de 1986, vol. 36, p. 53 a 64.

[335] *Guarda Compartilhada – Um Novo Modelo de Responsabilidade Parental.* São Paulo: RT, 2000.

[336] *Guarda Compartilhada.* Rio de Janeiro: Lumen Júris, 2001.

[337] Guarda Compartilhada, em *Revista Brasileira de Direito de Família, do IBDFAM* (Instituto Brasileiro de Direito de Família), n° 12, Jan-Fev-Mar/2002, p. 27 a 39.

[338] Guarda Compartilhada; Modelo Recomendado, em *Revista cit.* p. 155 a 163.

[339] Guarda Compartilhada: A Difícil Passagem da Teoria à Prática, em *Revista AJURIS*, Porto Alegre, junho/2000, vol. 78, p. 217 a 229.

[340] A Guarda Compartilhada como Direito Fundamental da Criança, em *Revista do Ministério Público*, Rio de Janeiro, n° 15, 2002, p. 213 a 221.

Portanto, em sede de doutrina não há mais discussão sobre a possibilidade da guarda conjunta ou compartilhada em nosso direito. Interessante assinalar que a Jornada de Direito Civil (em torno do novo Código Civil), promovida pelo Centro de Estudos Judiciários do Conselho da Justiça Federal, no período de 11 a 13 de setembro de 2002, sob a coordenação científica do Ministro Ruy Rosado, do Superior Tribunal de Justiça, em seu enunciado n° 101, assim deliberou, tendo como referência o art. 1.583 do novo Código Civil: *"Sem prejuízo dos deveres que compõem a esfera do poder familiar, a expressão 'guarda dos filhos', à luz do art. 1.583, pode compreender tanto a guarda unilateral quanto a compartilhada, em atendimento ao princípio do melhor interesse da criança"*.

Os tribunais também não rejeitam o instituto em tese, mas somente resistem a utilizá-lo quando não há comprovada condição psicológica de harmonia entre o casal, o que está perfeitamente correto.[341]

As vantagens da guarda compartilhada são sobejamente evidenciadas em todos os textos antes enumerados, desnecessários acréscimos a respeito, sob pena de superfetação.

A alegação maior de desvantagem é aparente, pois radica nas dificuldades de relacionamento entre os pais. Ora, é indiscutível que a guarda conjunta só pode ser adotada quando comprovado que os pais apresentam condições de equilíbrio psíquico para este belíssimo mas complexo mister. Ninguém se atreve a sustentar o contrário. Os adversários da guarda compartilhada podem afirmar que é de difícil realização na prática, sendo ainda raros os casos em que os pais preenchem os requisitos indispensáveis, mas não podem atacar em tese o instituto, pois inegável que apresenta amplos e sólidos aspectos positivos para os filhos. Waldyr Grisard Filho[342] arrola argumentos contrários à guarda compartilhada e os refuta adequadamente; destaca que boa parte das críticas parte de uma confusão entre guarda compartilhada e guarda alternada; guarda compartilhada não implica falta de residência fixa!

8.3.2. Os alimentos na guarda compartilhada

A matéria é pouco versada em nosso direito, com escassos pronunciamentos doutrinários e pretorianos.

Valdyr Grisard Filho[343] ensina, com razão, que *"A guarda compartilhada, como meio de manter (ou criar) os estreitos laços afetivos entre*

---

[341] Acórdãos do TJRS: agravo de instrumento n° 70005788963, julgado em 31.01.2003; apelação cível n° 70002792919, julgada em 01.11.2001; apelação cível n° 70001021534, julgada em 21.06.2000.

[342] Ob. cit., p. 173 a 178.

[343] Ob. cit., p. 152.

pais e filhos, estimula o genitor não-guardião ao cumprimento do dever de alimentos. A recíproca, nesse caso é verdadeira: 'Quanto mais o pai se afasta do filho, menos lhe parece evidente o pagamento da pensão'".

O mesmo autor cita importante acórdão do TJDF,[344] pelo qual se decidiu que a guarda alternada (não há confundir com a guarda conjunta ou compartilhada, como vimos, mas mesmo assim o decisório lança orientação aplicável à segunda modalidade de guarda) mas não provoca falta de interesse jurídico para a propositura de ação de alimentos. Assim reza a ementa: *"Ainda que o menor fique sob a guarda de ambos os genitores, de forma alternada, concorre interesse jurídico que justifica o ajuizamento da ação alimentícia. Não há que se falar em ilegitimidade passiva, se a ação foi manejada contra o genitor dos alimentandos".* Com efeito, na guarda compartilhada não há forçosamente a alternância de guarda física, mas sim que há fixação de um dos pais como guardião (no sentido físico, de residência). Ora, evidente que o genitor não-guardião pode pedir alimentos para os filhos que tem sob sua guarda física.

Como preconiza Karen Ribeiro Pacheco Niode de Salles[345] *"A organização da obrigação alimentar deverá ser feita da maneira mais flexível e igualitária possível, para que nenhum dos pais se sinta prejudicado, estipulando-se um valor pecuniário determinado, conforme as rendas de cada genitor e a necessidade da criança".* E mais: *"Ressalta-se que aquele cônjuge que detiver a guarda física por um determinado período do ano sujeita-se a menores encargos financeiros, o que se inverte no período seguinte, alternando-se, também, os períodos de visitas. Esta igualdade no exercício de funções parentais incentiva a participação permanente na vida dos filhos".*[346]

Patrícia Pimentel de Oliveira Chambers Ramos[347] pensa que a guarda compartilhada, entre outros méritos, tem o de minimizar os conflitos decorrentes dos processos de alimentos. E acrescenta: *"Os litígios decorrentes da prestação de alimentos aos filhos limitar-se-iam basicamente às necessidades da criança com educação e saúde – já compensados os gastos com alimentação, vestuário e diversão através do próprio convívio diário com cada um dos pais. Não se fariam considerações a respeito das despesas de moradia de cada um dos pais (luz, gás, telefone, aluguel, condomínio, IPTU, empregada doméstica, etc), que devem ser arcados por cada um per si. Assim, não sendo hipótese de um dos genitores ser obrigado a prestar alimentos ao outro, em decorrência de direito autônomo*

---

[344] Ob. cit., p. 188.
[345] Ob. cit., p. 105.
[346] Idem, p. 108.
[347] Artigo cit., p. 219.

Estudos de DIREITO DE FAMÍLIA

seu (e não ligado ao infante), ambos os pais deverão esforçar-se para promover o seu próprio sustento, em perfeita consonância com o princípio constitucional de igualdade jurídica do homem e da mulher, não servindo a pensão alimentícia do menor como meio de sobrevivência de um dos pais. As despesas do filho, assim, serão divididas por ambos os genitores na proporção dos recursos de cada um, e pagas diretamente pelo responsável por aquela determinada despesa (por exemplo: o pai responsável pelas despesas da mensalidade escolar e de plano de saúde, e a mãe com as despesas de material escolar e vestuário). Em case de inadimplemento, a obrigação poderá ser exigida pelo outro genitor, representando o filho, dando ensejo, inclusive, à fixação dos alimentos diretamente a um dos pais, conforme o modelo tradicional, que passará a fazer todos os pagamentos do menor diretamente".[348]

Como se percebe pelos adequados parâmetros postos pelos autores citados, não há peculiaridades técnico-jurídicas dignas de maior exame em matéria alimentar na guarda compartilhada, aplicando-se todos os princípios e regras que regem o tema em nosso direito. O genitor não-guardião arcará com a maior carga da responsabilidade alimentar, como é natural (evidente que dentro de suas possibilidades financeiras). Esta carga pode ser reduzida pela circunstância de uma maior convivência com o não-guardião acarretar uma diminuição dos gastos do guardião.

As dificuldades que possam surgir, a meu ver, não serão de direito, mas sim de fato. Em termos de direito, como antes ressaltado, o assunto atinente aos alimentos na guarda compartilhada não difere dos alimentos destinados aos casos rotineiros de guarda jurídica entregue a um só dos pais, tanto no plano do direito material como no plano do direito processual. O problema residirá em apurar, cuidadosamente, as despesas pelas quais responderão cada um dos genitores, tudo em conformidade com os termos que regerão esta espécie de guarda. Porque os percalços são fático-probatórios, e não técnico-jurídicos (ou melhor: os questionamentos técnico-jurídicos são aqueles inerentes aos alimentos em geral), é que não há por que uma extensão maior na análise dos alimentos na guarda conjunta.

Aliás, a tendência não é de que devam aparecer muitos litígios neste campo, pois que incompatíveis com o bom funcionamento da guarda compartilhada. Se os pais começarem a conflitar por causa de alimentos, é péssimo sinal, indicativo de que não ostentam as verdadeiras condições de equilíbrio psicológico e de sabedoria que devem estar presentes para que a guarda conjunta tenha sucesso. É provável que, em tal hipótese, e infelizmente, a guarda não possa ser compartilhada ou tenha de deixar de sê-lo.

---

[348] Art. cit., p. 219 e 220.

Falou-se sobre a cautela que deve presidir o arbitramento dos alimentos na guarda compartilhada. Esta precaução se estende, sem dúvida, ao magistrado. Será trabalhosa a deliberação judicial que enfrentar controvérsia alimentar na guarda compartilhada, pois o juiz precisará, ao dispor sobre os exatos e precisos termos em que se desenvolverá esta modalidade de guarda (decisão que já exige bastante esforço, pois reclama atenção em muitos e variados aspectos), harmonizar a divisão da responsabilidade alimentar com aquelas imposições referentes ao regime de guarda. Isto é bem mais do que simplesmente apurar necessidades e recursos: significa dosar as tarefas de cada genitor e as eventuais alterações de guarda física (isto pode provocar um indigesto mas necessário detalhamento).

9. A transmissão da obrigação alimentar

9.1. Introdução: a justa e oportuna derrubada do dogma da intransmissibilidade dos alimentos aos herdeiros

É fácil avaliar a importância da matéria alimentar, respeitante aos mais fundamentais dos direitos humanos: o de viver e de viver com dignidade. Este enfoque é indispensável a uma abordagem correta do assunto, a uma elaboração melhor do instituto, a uma análise justa dos dispositivos pertinentes. Não se está diante de interesses meramente patrimoniais, de conveniências econômico-financeiras plenamente disponíveis, regidas pelo direito das obrigações. A seriedade do tema o situa em plano elevado, de extremo relevo. As relações versadas são de direito de família, onde predominam interesses públicos, sociais, ligados à estrutura básica da coletividade. Os alimentos possibilitam a vida e a vida em condições de dignidade, permitindo ao indivíduo a evolução de seu potencial humano, em prol de si próprio e da comunidade. Não há lugar para egoísmos, para o individualismo exacerbado. Proveitos patrimoniais em absoluto podem sobrepujar a obrigação alimentar; eis um axioma basilar no equacionamento do problema da transmissibilidade daquela obrigação, em caso de falecimento do devedor, no que tange aos herdeiros deste.

O art. 402 do Código Civil de 1916 previa a intransmissibilidade da obrigação alimentar. Sempre defendi que foi totalmente revogado pelo art. 23 da Lei n° 6.515, de 26 de dezembro de 1977. Agora temos o art. 1.700 do Código Civil de 2002, que insiste no conteúdo do art. 23.

Nunca se pôs em dúvida a transmissão do débito correspondente às prestações alimentares em atraso no instante do falecimento do devedor. Sempre foi assim para quaisquer débitos do falecido; quanto mais para o débito alimentar, importantíssimo que é! Aí já se percebe o sério equívoco dos que interpretaram o art. 23 como se se tratasse de mero comando no sentido da transmissão apenas dos alimentos vencidos. É exegese inadmissível, pois nada acrescentaria ao sistema em vigor e imputaria ao legislador uma assombrosa inutilidade, uma perfeita superfetação, uma risível

Estudos de DIREITO DE FAMÍLIA

obviedade. Doutrinadores e tribunais nunca se atreveram a pretender, no Brasil e nos outros países, que débito alimentar vencido do *de cujus* não se transmitisse aos seus herdeiros, dentro das forças da herança. Não seria em 1977 que uma lei federal viria declarar tal redundância. Não poderia ser tão mesquinho e pequeno o legislador.

Até a Lei n° 6.515/77, o direito brasileiro repousava, tranqüilo e imperturbável, sobre o dogma da intransmissibilidade. O art. 402 contava com simpatia geral, produto de arraigados preconceitos dominiais e sucessórios, campos perigosos e delicados. Não se apreendia o que há de justo e simples na assertiva de não se poder sobrepor o direito sucessório ao sagrado direito alimentar. As situações iníquas daí resultantes não eram sequer ponderadas.

Mas os fatos sociais pressionavam o legislador. Quis este coibir quadros de flagrante injustiça. Exemplo: "A" vem pensionando "B", sendo B pessoa idosa e inválida e que, para sua sobrevivência, depende da pensão de A. Este falece e deixa fabulosa herança. B não herda de A. Resultado: B fica na absoluta miséria, em que pese a monumental quantidade de bens distribuídos entre os herdeiros de A, que talvez deles nem necessitem. Dir-se-ia: mas e o parentesco de B com os herdeiros de A não possibilitaria viesse a exigir alimentos destes? A resposta pode ser negativa, bastando fossem A e B irmãos; nesta hipótese, os filhos de A seriam sobrinhos de B, ou seja, parentes colaterais em terceiro grau de B, grau de parentesco que não faculta a postulação alimentícia. Como um sistema jurídico, que se tem por bem elaborado, não traria remédio para tal crueldade? Estou em que a solução veio com o art. 23 da Lei do Divórcio – hoje confirmado pelo art. 1.700 do Código Civil de 2002 –, que permite a B receber alimentos vincendos dentro das forças da herança.

A regra passou a ser a transmissibilidade. Houve reações qualificáveis como quase passionais contra a inovação, talvez porque o art. 23, ao permitir a transmissão dos alimentos vincendos, se atreveu a colocá-los como mais importantes do que a herança. Se considerarmos que a herança é mero corolário do direito de propriedade, minha tese implica dizer que alimentos são mais importantes do que propriedade, ou seja, que uma vida com dignidade pode ser mais relevante do que o direito de propriedade. Fácil perceber as implicações desta linha de pensamento e como é capaz de assustar alguns.

Com razão está Luiz Murillo Fábregas,[349] referindo-se ao art. 23: *"Talvez tenha sido o dispositivo mais combatido e, na maior parte das vezes, em razão de pouca informação sobre a matéria ou da pouca meditação a respeito dela".*

---

[349] *O divórcio.* Editora Rio, 1978, p. 94.

Tudo está em perceber que a transmissão opera exclusivamente no respeitante ao patrimônio deixado pelo *de cujus*, isto é, não vai além deste, não supera as forças da herança. A obrigação não se transmite, pura e simples, aos herdeiros, mas somente se transfere incidindo sobre o patrimônio do falecido, na proporção deste. Inexistentes bens, desaparecerá a obrigação. Se insuficientes os bens para gerarem o valor integral da pensão, ver-se-á esta reduzida proporcionalmente. Por isto o art. 23 da Lei do Divórcio aludia ao art. 1.796 do Código Civil anterior.[350]

9.2. As correntes interpretativas do art. 23 da Lei do Divórcio

Três correntes básicas de opinião se constituíram, diante do art. 23 da Lei n° 6.515/77: 1) o art. 23 só se referia ao débito alimentar vencido e não pago, existente no instante do falecimento do devedor; 2) o art. 23 se estendia às prestações vincendas e a quaisquer alimentos de direito de família[351] (posição que defendi sempre, desde o surgimento do art. 23). A operacionalidade do novo sistema se daria pela constituição de um capital com os valores deixados pelo de *cujus,* cuja renda assegure o pagamento da prestação alimentar (sugestão que tomei a liberdade de dar quando da edição da Lei do Divórcio);[352] 3) a obrigação alimentar, que se transmitiria aos herdeiros seria unicamente aquela devida por um cônjuge ao outro ou, no máximo, devida pelos pais aos filhos, pois que o art. 23 aparece em uma lei que trata sobre separação judicial e divórcio, e, portanto, só se aplicaria aos alimentos que aparecem em separações e divórcios.

A primeira posição é, a meu pensar, muito fraca e já a critiquei neste texto.

A verdade reside na segunda orientação, como estou tentando demonstrar neste trabalho.

A terceira corrente foi a majoritária no Brasil, a partir do Tribunal de Justiça de São Paulo e dos ensinamentos de Yussef Said Cahali e Silvio

---

[350] Alguns se preocupam porque o art. 1.700 do Código Civil de 2002 se reporta ao art. 1.694 e não menciona dispositivo legal pertinente à herança. Ora, isto em nada altera o fato de que a transmissão só ocorre dentro das forças da herança. Importa é que o artigo 1.700 é claro ao falar em transmissão aos herdeiros; isto significa que cabe aplicar as normas de direito hereditário e nestas é absolutamente pacífico que os débitos do falecido estão limitados pelas forças da herança.

[351] Evidente que, das quatro espécies de alimentos, somente me refiro aos alimentos de direito de família. É preciso lembrar que há outras três modalidades de alimentos: duas de direito obrigacional – alimentos resultantes de contrato e alimentos advindos de indenização por ato ilícito – e uma de direito sucessório (alimentos previstos em testamento).

[352] De maneira alguma serão vendidos bens para pagar os alimentos, sob pena de não sobrarem nem bens e nem alimentos. O que se faz é colocar os bens a produzir rendimentos: aluguéis de imóveis, dividendos de ações, juros de cadernetas de poupança ou outras aplicações financeiras.

Estudos de DIREITO DE FAMÍLIA

Rodrigues.[353] Este último invocou argumento histórico, afirmando que o art. 23 se inspirou na legislação francesa e esta só prevê a transmissão dos alimentos devidos por um cônjuge ao outro (na França tais alimentos têm caráter indenizatório ou compensatório). Não vejo por que imitar o pensamento francês, principalmente se nossa lei não contém indicação de que só se transmitam os alimentos pela forma restritiva apontada. Por que não poderia o Brasil imprimir outra direção à matéria? Por que forçosamente precisaria ficar jungido pelo direito estrangeiro? Não encontro necessidade do apelo à teoria dos alimentos como compensação ou indenização. Importa é perceber a incomensurável significação do débito alimentar, relacionado diretamente com a sobrevivência do ser humano, e, por isto mesmo, devendo prevalecer sobre os interesses meramente patrimoniais dos herdeiros.

Na época, insisti pela segunda corrente e continuo a fazê-lo, agora com o apoio do novo Código Civil, como depois mostrarei. Com efeito, os bens do acervo hereditário devem primeiro responder pelo pagamento dos alimentos; depois serão atendidos os herdeiros. Se o capital a ser constituído, para render o valor da pensão, absorver toda a herança, não vejo nisto problema algum. A regra é sobrar aos herdeiros o que não foi consumido pelos débitos do falecido. O normal é ninguém esperar uma herança para sobreviver. A herança é aleatória, é como inesperado presente, doação imprevisível, questão de sorte até. Os alimentos são de características notavelmente distintas. Por que idolatrar os direitos sucessórios, ainda mais em detrimento de um valor maior? Os alimentos estão relacionados ao máximo de moralidade, pois dizem com a manutenção da vida e com nível digno de vida. A herança, diversamente, muitas vezes se reveste de duvidosa moralidade, dado que importa em torcer pela morte de outrem, além do que o herdeiro não fez por merecê-la: quem quiser dinheiro que trabalhe para obtê-lo.

O dogma da intransmissibilidade nem era tão intocável como imaginam alguns. Baudry-Lacantinerie e Houques-Fourcade[354] (atenção: opiniões que emitiram em 1900!) reconhecem nada há de herético na transmissão aos herdeiros do devedor, apenas não considerando este evento como normal. Dissertam: *"On a voulu, à la vérité, découvrir dans lês arts. 762 à 764 la preuve quils nont pas 'vu, dans la nature de la dette alimentaire, um obstacle absolu à sa transmissibilité aux héritiers'. Aussi ne prétendons-nous pas quil faille violenter la nature des choses pour*

---

[353] Quanto a Yussef (*Dos alimentos*. 3ª ed. São Paulo: RT, 1998, p. 57 a 104). Sílvio Rodrigues (*O divórcio e a lei que o regulamenta*. São Paulo: Saraiva, 1978, p. 141 a 143). Acórdãos: RT 616/177, 629/110, 574/68; Revista do STJ 135/359.

[354] *Traité théorique et pratique de droit civil*. 2ª ed. Paris: Librairie de la Société du Recueil Gal des Lois et des Arrêts, 1900. Des personnes, tomo 2°.

imposer cette charge aux successeurs universels du débiteur. Nous disons seulement quil nest pas normal que cette charge leur passe, quoiquil puísse être parfois très opportun de la leur faire supporter".[355] Mencionam ilustres vultos do direito francês com orientação favorável à transmissão[356] Aubry et Rau, Demante, Duranton, Proudhon, Delvincourt, Marcadé, Allemand. Também admitem a existência de exceções marcantes ao princípio da intransmissibilidade: *"Le Code Civil avait lui-même reconnu aux enfants adultérins ou incestueux un droit aux aliments opposable à la succession de leurs père et mère (art. 762 s.). La loi du 9 mars 1891 est venune depuis en reconnaître un semblable au conjoint survivant vis-à-vis de la succession de lépoux prédécédé, et enlever ainsi à cette question une forte partie de son intérêt pratique".*

Colin e Capitant,[357] ainda que contrários à transmissão, percebem como *"la intransmisibilidad de la obligación alimentícia, considerada desde el punto de vista pasivo, ha sido más discutida. En el caso em que las necesidades del acreedor hibieran nacido antes del fallecimiento del deudor, se há sostenido que, como la obligación alimentícia grava virtualmente el patrimonio del difunto, se transmite a los herederos de este de la misma manera que el resto del pasivo sucesorio".* Além disto, reconhecem três exceções à regra da intransmissibilidade: a) *"los hijos incestuosos o adulterinos pueden reclamar alimentos no sólo a su progenitor, sino a la sucesión del mismo (art. 762); b) el cónyuge superviviente tiene, em caso de necessidad, derecho a reclamar alimentos a la sucesión del cóyuge premuerto (art. 205, § 1°, 2ª parte, adicionada por la ley de 9 de marzo de 1891)"; c) "finalmente, cuando la deuda alimentícia no resulta de uma cualidad personal del difunto – esto deriva, naturalmente, de lo que precede – se transmite contra sus herederos. Así sucede, según hemos visto cuando se trata de uma pensión debida después del divorcio por el cónyuge contra el cual el divorcio se ha concedido. El fundamiento de la obligación es, aqui, el delito cometido por el esposo cuya conducta ha provocado el divorcio, ...".*

Henri, Léon e Jean Mazeaud trazem as mesma três exceções narradas por Colin e Capitant.[358]

Louis Josserand[359] fala das exceções correspondentes aos casos do cônjuge sobrevivente e dos filhos incestuosos e adulterinos. Admite tam-

---

[355] Ob. cit., p. 592.

[356] Idem, p. 591.

[357] *Curso elemental de derecho civil.* Tomo 1°, 3ª ed. Madrid: Instituto Editorial Reus, 1952, p. 779 e 780.

[358] *Leçons de droit civil.* Tomo 1°, Paris: Éditions Montchrestien, 1955, p. 1188 e 1190.

[359] *Derecho civil.* Tomo I, II. Buenos Aires: Ediciones Jurídicas Europa-América, Bosch, 1952, p. 330 e 331.

Estudos de DIREITO DE FAMÍLIA

bém, ainda que criticando, a ocorrência de julgamentos fixando uma terceira derrogação da regra da intransmissibilidade: para a pensão de alimentos estabelecida como conseqüência de uma separação de corpos. As duas primeiras exceções são objeto de alusão por Planiol e Ripert.[360] Quanto aos filhos adulterinos, incestuosos e naturais simples, Roberto de Ruggiero indica como em relação a estes a obrigação alimentar não se extingue com a morte do devedor.[361]

Na tradução espanhola da obra de Ennecerus, Kipp e Wolff,[362] Blas Pérez Gonzáles e José Castán Tobeñas, em suas notas de comparação e adaptação ao sistema de seu país, mostram que com o falecimento do devedor não termina a obrigação alimentar no concernente aos filhos ilegítimos não-naturais. Aduzem: *"En Aragon, según el art. 30, ap. 2°, del Apéndice foral, puede también transmitirse en algún caso a los herederos la deuda alimenticia relativa a los hijos legítimos del causante, pues el heredero forzoso que por la distribución Del caudal hecha por el testador resulte necesitado de alimentos, podrá ejercitar la acción, arregladamente al artículo 142, del Código general, contra los sucesores del ascendiente, em proporción com las respectivas participaciones en la herencia forzosa"*.

Qual o fundamento para as exceções observadas no direito comparado? Roberto de Ruggiero[363] situa o problema face ao fato de serem os filhos adulterinos, incestuosos e naturais simples excluídos da sucessão. Planiol e Ripert[364] igualmente destacam a ausência de vocação hereditária daquela categoria de filhos. Quanto ao cônjuge supérstite, busca-se a compensação por insuficiência de seus direito perante a sucessão do cônjuge falecido: Henri, Leon e Jean Mazeaud.[365] Estes juristas, ao abordar a hipótese do cônjuge divorciado, trazem a teoria do caráter indenizatório da pensão alimentar.

Aramy Dornelles da Luz[366] ensina: *"O que responde pelo cumprimento da obrigação são os bens do devedor. Assim sendo, lícito não é transmitir seu patrimônio a outrem, fraudando os credores. Não há de ser a morte que operará a extinção da dívida se patrimônio lhe sobrevive. A obrigação grva então os bens. Eles é que respondem. Como, com a sucessão causa mortis, estes bens gravados ingressam no patrimônio de terceiros, a obrigação não se transmite, já que é pessoal, mas os herdeiros se sub-rogam no dever de cumprir a prestação, pois, em caso contrário,*

---

[360] *Tratado practico de derecho civil francés*. Tomo 2°, Cuba: Cultural, 1946, p. 42.

[361] *Instituições de direito civil*. Vol. II, 3ª ed. São Paulo: Saraiva, 1972, p. 41 e 42.

[362] *Tratado de derecho civil*. Tomo IV, 2°, 2ª ed. Barcelona: Bosch, Casa Editorial, p. 251.

[363] Ob. e vol. cit., p. 41.

[364] Ob. e tomo cit., p. 42.

[365] Obr., tomo e loc., cit.

[366] *O divórcio no Brasil*. São Paulo: Saraiva, 1978, p. 101 e 102.

teriam de oferecer estes bens em pagamento ou em garantia". Portanto, compreendido que a transmissão não vai vincular os herdeiros, senão que em proporção ao que receberam na herança, ver-se-á o equívoco dos que se preocupam com situações como as que seguem: a) "A" casa com "B" e eles não têm filhos; divorciam-se, sendo que "A" fica pagando alimentos para "B"; "A" volta a casar-se, desta vez com "C", surgindo filhos; falece "A", com o que seus filhos com "C" ficam obrigados a suportar a pensão para com "B" (sempre, repito e enfatizo, dentro das forças da herança); b) na mesma hipótese, se "A" não deixa descendentes ou ascendentes ao morrer, "C" terá que prestar alimentos para "B" (a segunda esposa sustentando a primeira); c) "A" casa com "B"; divorciam-se, ficando "A" alimentando "B"; "A" morre sem deixar herdeiros, a não ser um primo-irmão; eis que este primo teria de sustentar "B".

A doutrina nacional, apesar da forte resistência ao art. 23 da Lei do Divórcio, acabou por se inclinar pela inevitabilidade da transmissão, mesmo os que a combatem veementemente. Quando muito, buscou-se restringir o alcance da norma, pela antes aludida tese de que só se aplicaria para alimentos entre cônjuges e dos pais para com os filhos.

9.3. O art. 1.700 do Código Civil de 2002

Editado o novo Código Civil, importantíssima modificação houve na matéria. Como *todos* os alimentos de direito de família estão regulados em um mesmo local (Livro IV, Título II, Subtítulo III; veja-se que o art. 1.694 cogita de parentes, cônjuges e companheiros), segue que não mais se sustenta a tese antes majoritária, que limitava a transmissão aos alimentos surgidos no interior de uma separação judicial ou de um divórcio. Hoje quaisquer alimentos de direito de família se transmitem aos herdeiros do devedor, dentro das forças da herança. Com satisfação, vejo prevalecer a tese que sempre me pareceu a mais correta.

Yussef Said Cahali[367] aceita que, face ao atual Código Civil, outra não pode ser a solução. Belmiro Pedro Welter,[368] Sílvio de Salvo Venosa[369] e Maria Helena Diniz,[370] têm igual compreensão. Forçoso, contudo, admitir que a resistência continua existindo: a) a) Regina Beatriz Tavares da Silva[371] diz que a transmissão deve ser restrita ao companheiro e ao

---

[367] *Dos alimentos.* 4ª ed. São Paulo: RT, 2002, p. 94.

[368] *Alimentos no Código Civil.* Porto Alegre: Síntese, 2003, p. 41.

[369] *Direito Civil – Direito de família.* Vol. 6, 2ª ed. São Paulo: Atlas, 2002, p. 378.

[370] *Curso de direito civil brasileiro.* Vol. 5º, 17ª ed. São Paulo: Saraiva, 2002, p. 463 e 464.

[371] *Novo código civil comentado.* São Paulo: Saraiva, 2002. Coordenador: Ricardo Fiúza, p. 1.509.

cônjuge, dependendo, quanto ao último, de seu direito à herança; b) Zeno Veloso[372] quer que a doutrina e os tribunais restrinjam a exegese do art. 1.700 e tem por inadmissível que filhos do falecido sejam obrigados a pensionar um tio;[373] c) Nelcy Pereira Lessa[374] informa que o IBDFAM quer nova redação para o art. 1.700, a fim de que só abranja alimentos decorrentes do casamento ou da união estável; d) Washington Epaminondas Medeiros Barra[375] defende uma interpretação o mais restritiva possível ao art. 1.700, pois vê nele violação de elementares princípios gerais do direito, estando maculado pela eiva de inconstitucionalidade.[376]

Lamento, porém, que tenha surgido outra fórmula restritiva ao magnífico sentido do art. 23, hoje 1.700: a transmissão operaria somente até a partilha dos bens do *de cujus*. Mais perigosa esta interpretação porque seus argumentos valem para o art. 1700 do Código Civil de 2002. Neste teor foi deliberação do 4° Grupo Cível do Tribunal de Justiça do Rio Grande do Sul.[377] Mais preocupante é que o Superior Tribunal de Justiça resolveu por igual forma.[378] Mais uma vez se revela a, com toda a vênia, injustificada resistência aos arts. 23-1700. Não tenho dúvida de que a transmissão continua mesmo feita a partilha. Esta exegese restritiva não pode ser acatada porque destrói a razão de ser da transmissibilidade e os elevados objetivos sociais e humanos que ditaram sua aceitação pelo direito brasileiro. Outra vez se põe a herança acima dos alimentos, e os arts. 23-1.700 ficam praticamente letra morta. Não importa, inclusive, que o alimentado reúna a condição de herdeiro; ainda que seja óbvio que se deva fazer uma compensação, para que o alimentado não receba duas vezes, seria injusto que desaparecessem os alimentos com a partilha, pois pode simplesmente acontecer que o quinhão hereditário seja totalmente insufi-

---

[372] *Código civil comentado: direito de família, alimentos, bem de família, união estável, tutela e curatela: arts. 1.694 a 1.783*. Vol. XVII. Coordenador: Álvaro Villaça Azevedo. São Paulo: Atlas, 2003, p. 39 e 40.

[373] Como expus antes, tenho que, bem ao contrário da idéia de Zeno Veloso, a hipótese de sobrinhos responderem para com um tio, dentro das forças da herança que receberam, é caso paradigmático das vantagens de uma interpretação ampla do art. 1.700.

[374] *O novo código civil: livro IV do direito de família*. Coordenação geral: Heloisa Maria Daltro Leite. Rio de Janeiro: Freitas Bastos, 2002, p. 398.

[375] *O novo Código Civil: Estudos em homenagem ao professor Miguel Reale*. Coordenadores: Ives Gandra da Silva Martins Filho, Gilmar Ferreira Mendes e Domingos Franciulli Netto. São Paulo: LTr, 2003, p. 1.258 e 1.259.

[376] Com todo o respeito, não atino com tais defeitos e não vejo em que a preservação da vida e da vida com dignidade, em detrimento da herança, afete qualquer princípio geral de direito. A verdade é bem outra, pois a interpretação que sustento está em conformidade com o art. 1°, inciso III, da Constituição Federal. A dignidade humana aparece na nossa Constituição antes do direito de propriedade e de sua seqüela, que é o direito à herança.

[377] RJTJRGS 213/189.

[378] *Lex Jurisprudência do Superior Tribunal de Justiça e dos Tribunais Regionais Federais*, 140/82.

ciente para a manutenção do alimentado! Neste caso penso devem os quinhões dos demais herdeiros serem atingidos pelos alimentos.

9.4. Algumas dificuldades provocadas pela transmissão dos alimentos

Aceitar a transmissão dos alimentos em quaisquer casos de direito de família, sem que haja limitação trazida pela partilha de bens do *de cujus* (não canso se insistir: transmissão dentro das forças da herança), traz grandes dificuldades jurídicas. Chego a imaginar que alguns preferem repelir a solução com receio de tais problemas...

Pretendo agora arrolar algumas das dificuldades que aparecerão quando operacionalizada a transmissão:

a) O fato de o alimentado ser legitimado também para acionar, pedindo alimentos diretamente a herdeiros do devedor, pois existente vínculo parental que torne isto possível, não elide seja transmitida a obrigação alimentar, que é condicionada ao patrimônio do *de cujus*. É uma garantia a mais para o credor dos alimentos. Se insuficientes os bens do espólio, restará ao credor a via de complementar a pensão voltando-se contra os herdeiros pessoalmente obrigados.

b) E se o alimentado for herdeiro? Penso que não se trata de excluir a transmissão, como querem alguns, mas apenas de fazer as devidas compensações patrimoniais, para que o alimentado-herdeiro não receba duplamente.

c) Conseqüência lógica das premissas de meus raciocínios (aplicam-se as regras cabíveis de direito sucessório) é a de que herdeiro que renuncie à herança não é onerado com a obrigação alimentar transmitida, pois simplesmente não recebe o patrimônio do falecido.

d) Como a obrigação permanece e se dimensiona em torno dos bens do acervo hereditário, desaparece a perplexidade oriunda dos casos em que o município receba a herança.

e) Se os herdeiros já receberam os seus quinhões, contribuirão para a formação do capital produtor da pensão alimentar, na proporção das quotas hereditárias auferidas e sempre dentro de seus limites. A ação de alimentos será orientada contra todos os herdeiros, em litisconsórcio passivo.

f) Pelo significado vital da prestação alimentar, não vejo como não se lhe emprestar preferência sobre outros débitos do morto. Quando muito, devem ser antes pagas as despesas do processo de inventário e partilha (imposto de transmissão *causa mortis*, taxa judiciária, custas).

Estudos de DIREITO DE FAMÍLIA

g) Cessadas as necessidades do alimentado, não há por que continuar a se beneficiar com os alimentos. O capital, cuja aplicação rende a pensão alimentícia, será liberado para ser plenamente usufruído entre os herdeiros.

É óbvio não terá influência a melhoria da situação econômico-financeira dos herdeiros, pois se trata de circunstância a eles pessoal e peculiar, desligada do patrimônio do *de cujus.*

Se aumentarem as privações do alimentado, nada haverá a fazer, posto que seria um erro grave pretender estivessem os herdeiros sujeitos, a qualquer momento, à ameaça de deverem fornecer verba para reforço do capital constituído. Não há outro percurso a não ser mensurar o valor da pensão alimentar, para apuração do citado capital, em conformidade com o que recebia o alimentado quando do falecimento do alimentante. Os alimentos serão apenas atualizados monetariamente. O cálculo do capital será entregue a peritos em matéria de moeda, inflação, finanças, estatística, ciência atuarial e matemática.

h) Outro tema complexo será resolver se o credor terá o direito de reclamar a pensão alimentar se já não a estivesse recebendo no instante da abertura da sucessão. É das questões mais difíceis e polêmicas.

Aqui prefiro ficar com a interpretação menos ampla. Afinal, já estou conferindo ao art. 1.700 uma forte amplitude, da qual muitos discordam. Pelo menos me cabe considerar o texto legal, que fala em ser transmitida a *"obrigação de prestar alimentos".* O que se transmite é a *obrigação,* e não o dever jurídico.[379] Assim, deve existir obrigação devidamente preconstituída, mediante sentença, condenatória ou homologatória de acordo, ou, pelo menos, mediante acordo extrajudicial, admitido até que este acordo não seja escrito, mas resultante de costumeiro e regular pagamento de alimentos. Não concordo é que a ação de alimentos seja proposta contra a sucessão ou contra os herdeiros, se os alimentos não vinham sendo pagos antes da morte do alimentante; aí me parece uma demasia, um excesso não confortado pelo sistema legal.

Muitas outras dúvidas surgirão, que a habilidade dos intérpretes saberá solucionar.

Importa, afinal e antes de tudo, é que não se queira destruir o art. 1.700, com interpretações menores totalmente divorciadas das finalidades notáveis que o ditaram. É preciso ter a grandeza de perceber que está envolvido o conflito entre dignidade humana e solidariedade de um lado, e, do outro, o direito hereditário; ora, a primeira e a segunda são prestigiadas nos princípios fundamentais da Constituição Federal (art. 1°, inciso

---

[379] Baseio-me no trinômio (tão bem explanado por Pontes de Miranda) dever jurídico – obrigação – exceção, ao qual se contrapõem direito subjetivo – pretensão – ação.

III, e art. 3°, inciso I), parte mais importante da Carta Magna; o direito à herança vem bem *depois* (art. 5°, inciso XXX). Os alimentos são tão importantes que figuram mais de uma vez na Constituição Federal: art. 5°, inciso LXVII, art. 100, *caput* e § 1°-A, art. 227, *caput* e art. 229.

10. A alteração do regime de bens: possibilidade de retroagir

10.1. Introdução

Se o tema da filiação continua sendo globalmente o mais complexo em nosso sistema jurídico de família, a questão da mudança do regime de bens (art. 1.639, § 2°, do Código Civil) se revela, isoladamente considerada, como problema dos mais sérios, suscitando várias dificuldades, até porque é inovação no Brasil, salvo situações muito excepcionais que serão depois enunciadas. Exemplificativamente, discute-se se a alteração pode abranger casamentos anteriores ao novo Código Civil,[380] se ela pode retroagir, quais os fundamentos admitidos no requerimento dos cônjuges, em que medida a modificação encontra limites nos direitos de terceiros e quais são estes terceiros, quais as regras processuais aplicáveis (licitude da intervenção de terceiros, necessidade de edital, imprescindibilidade ou não de relação de credores e de sua citação, e assim por diante).

Neste texto abordarei a possibilidade de a alteração retroagir, no que diz respeito aos cônjuges, sem qualquer prejuízo para terceiros, matéria tornada mais difícil em decorrência do silêncio legislativo. A significação teórica e prática da discussão é intensa; ao lado da busca de argumentos de direito que autorizem ou não a retroatividade, inegável a repercussão enorme nos interesses dos cônjuges e terceiros se admitida a retroação, o que pode implicar modificação de regime instituído há dezenas e dezenas de anos! Evidente que, acatada a retroatividade no que diz com os cônjuges, como penso que é possível, toda a cautela do Poder Judiciário será pouca, para resguardar os interesses dos mesmos e de terceiros.

---

[380] Pronunciei-me a respeito, a favor da aplicação a casamentos precedentes: a) *Revista da AJURIS* V. 90. Porto Alegre: AJURIS, junho 2003, p. 288 a 290, em artigo sob o título O direito de família e o novo Código Civil: alguns aspectos polêmicos ou inovadores. b) *Revista Brasileira de Direito de Família*. Porto Alegre: Síntese, IBDFAM, junho-julho 2003. Vol. 18, p. 151 a 153, em artigo sob o mesmo título e conteúdo. Neste livro, retorno ao assunto no Capítulo XI.

Estudos de DIREITO DE FAMÍLIA

Antes de ingressar na análise da retroação, gostaria de assinalar que, ao contrário do que alguns imaginam, não é novidade em nosso direito. Já era prevista em casos especiais: a) art. 7°, § 5°, da Lei de Introdução ao Código Civil: *"O estrangeiro casado, que se naturalizar brasileiro, pode, mediante expressa anuência de seu cônjuge, requerer ao juiz, no ato de entrega do decreto de naturalização, se apostile ao mesmo a adoção do regime de comunhão parcial de bens, respeitados os direitos de terceiros e dada esta adoção ao competente registro"*; b) art. 7° da Lei n° 1.110, de 23.05.1950: *"A inscrição produzirá os efeitos jurídicos a contar do momento da celebração do casamento"* (o art. 1.515 do Código Civil atual reproduz esta norma). No entanto, a excepcionalidade das situações não ensejou formação de doutrina e jurisprudência esclarecedoras.

10.2. Da possibilidade jurídica de retroação da mudança do regime de bens

A dificuldade do assunto é acentuada pela escassez, por enquanto, de opiniões doutrinárias e pela ausência, por muito recente a norma do novo Código Civil, de orientação jurisprudencial.

Adiantei que considero admissível a retroatividade no respeitante aos cônjuges, pois em relação a terceiros só se não forem prejudicados.

Óbvio – desde logo destaco – que a retroação depende da explícita manifestação de vontade dos cônjuges, pois não se pode presumir a renúncia de direitos, e que não se pode tolerar o prejuízo de terceiros de boa-fé (além de prejuízo ao próprio cônjuge desavisado, coagido ou enganado).

Paulo Luiz Netto Lôbo[381] leciona: *"a regra a ser observada é a seguinte: a mudança de regime de bens apenas valerá para o futuro, não prejudicando os atos jurídicos perfeitos; a mudança poderá alcançar os atos passados se o regime adotado (exemplo: substituição de separação convencional por comunhão parcial ou universal) beneficiar terceiro credor, pela ampliação das garantias patrimoniais"*. Como se observa, em um primeiro momento de suas asserções, o ilustre jurista parece repelir a retroatividade, mas logo depois deixa claro que não se trata disto, pois é aceitável a retroação se for para beneficiar terceiros.

José Antonio Encinas Manfré[382] também concorda com a possibilidade de retroação: *"Importa ainda considerar, à falta de óbice da lei, ser possível a retroação dos efeitos dessa sentença à data da celebração do*

---

[381] *Código Civil Comentado: direito de família, relações de parentesco, direito patrimonial: arts. 1591 a 1.693.* Vol. XVI. Coordenador: Álvaro Villaça Azevedo. São Paulo: Atlas, 2003, p. 235.

[382] *Regime matrimonial de bens no novo Código Civil.* São Paulo: Juarez de Oliveira, 2003, p. 48.

casamento, desde que, conjuntamente, os interessados requeiram nesse sentido ao juiz. Caso contrário, ou seja, inexistindo pedido expresso nessa conformidade, os efeitos contar-se-ão da data da autorização judicial. Em qualquer dessas hipóteses, haverá ressalva de direitos, como impõe o supradito art. 1.639, § 2º".

Parece-me que o próprio texto legislativo conduz à possibilidade da eficácia retroativa: se assim não fosse, perderia sentido a expressão *"ressalvados os direitos de terceiros"*.[383] Esta ressalva é relevante exatamente porque o efeito da mudança de regime pode ser retroativa; ninguém pensaria em se preocupar com terceiros que, por exemplo, se tornassem credores dos cônjuges depois da alteração de regime devidamente publicada.

Como lembra José Antonio,[384] em outras palavras, o que não é proibido é permitido.[385] Dentro desta linha de raciocínio, Francisco José Cahali disserta pela retroatividade de contrato de união estável, de molde a operar efeitos desde o início desta.[386] A argumentação de Cahali pode ser perfeitamente transposta para o caso de alteração de regime de bens no casamento. Salienta Cahali que *"As partes são livres para dispor sobre o seu patrimônio atual, passado ou futuro"*. Aponta ele que esta é a opinião de Rainer Czajkowski.

Importa é que *"Le nouveau regime matrimonial, que modifie la composition des masses ou les pouvoirs des époux relativement à tel bien, est vis-à-vis des tiers, res inter alios acta jusquà ce quils le connnaissent"*.[387]

Importante acórdão do Tribunal de Justiça do Rio Grande do Sul (primeiro de que tomei conhecimento sobre o tema) definiu rumos no assunto e de forma correta. Tratou-se de verdadeiro acórdão-doutrina, fixando orientação em alguns dos principais problemas que envolvem a alteração do regime de bens. Foi a apelação cível n° 70006423891, julgada pela Sétima Câmara Cível em 13 de agosto de 2003, sendo Relator o Des.

---

[383] O problema dos direitos de terceiros exige toda a atenção e, bem aprofundado, apresenta percalços maiores do que se pode pensar em um exame superficial. Várias destas questões, inclusive relacionadas com doações feitas em função de determinado regime de bens no momento do casamento, são expostas com perspicácia por Henri Fenaux (ver nota 9) e Elisabeth Poisson, esta em: Le changement de regime matrimonial. Artigo publicado em *Revue trimestrielle de droit civil*. Paris: Editions Sirey, 1969. Tomo 67, p. 469 a 507. Registre-se que os dois textos trazem subsídios valiosos em outros pontos de discussão, incluídas matérias processuais e procedimentais.

[384] Op. cit., p. 48.

[385] Evidente que a proibição não decorre apenas de textos explícitos de leis infraconstitucionais, mas também pode resultar da violação de princípios e normas constitucionais. Porém, tenho como certo que a possibilidade de retroação da mudança de regime de bens não está em conflito com nossa Constituição Federal.

[386] *Contrato de convivência na união estável*. São Paulo: Saraiva, 2002, p. 76 a 80.

[387] Henri Fenaux. Le changement de regime matrimonial et les droits des tiers. Artigo publicado em *Revue trimestrielle de droit civil*. Paris: Editions Sirey, janeiro-março de 1967, tomo 65, p. 545 a 580. Trecho cit. está na p. 574.

Sérgio Fernando de Vasconcellos Chaves (integraram a Câmara os desembargadores Luiz Felipe Brasil Santos e José Carlos Teixeira Giorgis). O Des. Brasil Santos transcreveu artigo doutrinário que publicou sobre a mudança do regime de bens. O Tribunal gaúcho, por unanimidade, entendeu que a alteração pode ter efeito *ex tunc*. O Des. Brasil Santos assim argumentou em torno do aspecto que interessa ao presente artigo: *"O Código não explicita se os efeitos da alteração serão 'ex tunc' ou 'ex nunc' entre os cônjuges (porque com relação a terceiros que já sejam portadores de direitos perante o casal, é certo que serão sempre 'ex nunc', uma vez que se encontram ressalvados os direitos destes). No particular, considero que se houver opção por qualquer dos regimes que o código regula, a retroatividade é decorrência lógica, pois, p. ex., se o novo regime for o da comunhão universal, ele só será UNIVERSAL se implicar comunicação de todos os bens. Impossível seria pensar em comunhão universal que implicasse comunicação apenas dos bens adquiridos a partir da modificação. Do mesmo modo, se o novo regime for o se separação absoluta, necessariamente será retroativa a mudança, ou a separação não será absoluta! E mais: se o escolhido agora for o da separação absoluta, imperiosa será partilha dos bens adquiridos até então, a ser realizada de forma concomitante à mudança de regime (repito: sem eficácia essa partilha com relação a terceiros)".*

10.3. Conclusão

Minha conclusão, sob censura dos doutos, é a de que a alteração de regime de bens, contemplada no art. 1.639, § 2°, do Código Civil, pode ter eficácia retroativa pelo menos em relação aos cônjuges, se assim o estipularem, sempre ressalvados os direitos de terceiros, de maneira que estes só poderão ser atingidos se a mudança lhes for favorável.

11. Mais alguns aspectos polêmicos ou inovadores no novo Código Civil

11.1. Introdução

Em artigo anterior,[388] versei a respeito de alterações trazidas pelo novo Código Civil ao direito de família brasileiro, privilegiando uma abordagem extensiva e mais genérica.

Venho agora me deter sobre algumas questões não tratadas naquela oportunidade, mas que merecem atenção, por inegáveis repercussões teóricas e práticas.

A reflexão permanente e a experiência trazida pelo magistério produziram em mim preocupação especial, entre outros, com os seguintes assuntos: a) o consentimento dos pais ou representantes legais para a adoção; b) o reflexo da possibilidade de alteração do regime de bens em relação aos casamentos anteriores ao novo Código; c) o problema da responsabilidade alimentar na separação judicial litigiosa sem culpa (remédio) e no divórcio direto; d) o novo e interessante enfoque dado ao bem de família; e) a união estável e o concubinato sob a perspectiva da influência da culpa nos alimentos e da indenização por serviços domésticos prestados. São os temas que examino neste capítulo.

As conclusões sobre cada um dos tópicos serão expostas ao final de cada abordagem.

11.2. O consentimento dos pais ou representantes legais na adoção

O difícil problema, ainda não valorizado pela doutrina, diz com a exegese dos artigos 1.621, § 1º, e 1.624, ambos do Código Civil em vigor.

---

[388] O Direito de Família e o Novo Código Civil: Principais Alterações, publicado em *Revista dos Tribunais*, vol. 804, p. 43 a 53, e em *Revista AJURIS*, vol. 87, p. 265 a 277.

O art. 1.621, em seu § 1º, dispõe que será dispensado o consentimento dos pais ou dos representantes legais em relação à criança ou adolescente *cujos pais sejam desconhecidos ou tenham sido destituídos do poder familiar*. No entanto, o art. 1.624, ao que parece, vai muito além, dado que dispensa aquele consentimento também *quando se cogitar de infante exposto, ou de menor cujos pais estejam desaparecidos, ou de órfão não reclamado por qualquer parente, por mais de um ano.*

Portanto, o art. 1.624, além das hipóteses do art. 1.621, §1º (pais desconhecidos ou destituídos do poder familiar), elenca outras: infante exposto, pais desaparecidos, órfão.

A pergunta que se impõe é a seguinte: estaria o art. 1.624 afastando a exigência de destituição de poder familiar quando se tratar de infante exposto ou de pais desaparecidos? Para a hipótese de orfandade, é óbvio, a pergunta não tem nenhum sentido, e o problema não existe.

Durante palestra já me foi sugerido que a solução residiria em verificar que o art. 1.624 fala somente em *"representante legal"*, e não em "pais". Parece-me proposta frágil, inadequada à grandeza da matéria, além do que é cediço que a expressão "representante legal", em sentido amplo, abrange os pais (apesar de se reconhecer que o art. 1.621, em seu *caput*, fez a dicotomia); e mais: infante exposto tem pais, e pais desaparecidos não significam inexistência de pais, ou seja, não haveria por que em tais casos houvesse representante legal que não os próprios pais.

Penso que o conflito deve se verificar entre duas interpretações fortes: a) combinar os artigos 1.621 e 1.624, buscando harmonizá-los, de tal sorte que sempre seria indispensável a destituição do poder familiar, isto é, mesmo nos casos de infante exposto e pais desaparecidos; b) entender que o art. 1.624 vai mesmo além do 1.621, tornando-o até supérfluo.

A primeira exegese radica no argumento de que a orientação tradicional do direito brasileiro tem sido, em princípio, a de exigir consentimento dos pais ou representantes legais, com o que a destituição do poder familiar é requisito indispensável, se eles se opõem à adoção. Tem ela a vantagem de atender a uma parêmia hermenêutica que preconiza deva o intérprete sempre tentar harmonizar e conciliar dispositivos legais aparentemente conflitantes, evitando imputar erros, contradições, superfetações, ao legislador.

Penso, com toda a vênia, que a segunda interpretação é a melhor, ou seja, o art. 1.624 vai além do art. 1.621. Para apoiar meu ponto de vista, que submeto à apreciação dos doutos, arrolo os seguintes argumentos:

a) Manifestamente, o art. 1.621, em seu §1º, não é exaustivo, pois deixa de lado a hipótese de orfandade, contemplada no art. 1.624, na qual, é indiscutível, ninguém cogitaria de destituição de poder familiar (argumento mais fraco se tomado isoladamente e que só adquire significado em função dos argumentos posteriores, principalmente o segundo e o terceiro).

b) O instituto da adoção é de extrema relevância social e valorativa, revelando-se sublime. Em decorrência disto, todas as interpretações devem ser no sentido de prestigiá-lo, de fomentá-lo, de incentivá-lo, de reforçá-lo, de facilitá-lo.

c) É princípio do direito de família moderno levar em conta o interesse das crianças e adolescentes, mesmo em detrimento do interesse dos pais. Ora, se a adoção se mostra benéfica ao menor, não há por que prejudicá-la ou dificultá-la.

d) Várias decisões de nossos tribunais já vêm deixando de lado o interesse dos pais ou representantes legais, quando se trata de permitir que se concretize a adoção. O Tribunal de Justiça do Rio de Janeiro, em 1991, permitiu adoção sem o consentimento de pai desaparecido.[389] O Tribunal de Justiça de Minas Gerais admitiu adoção sem prévio ou cumulativo pedido de destituição de pátrio poder.[390] O Tribunal de Justiça do Rio Grande do Sul acatou adoção a partir do entendimento de que mãe·que entrega o filho está renunciando indiretamente ao pátrio poder.[391] O mesmo Tribunal deferiu adoção, com retirada de pátrio poder, porque o casal adotante tinha a guarda da criança há quatro anos; a mãe biológica se arrependera da entrega do filho, e o pai não mais se interessava por ele.[392] O Superior Tribunal de Justiça começa a ensaiar abertura a respeito do tema: passou por cima da exigência de destituição de pátrio poder, em caso no qual a mãe biológica não dera expresso consentimento, pois que a adoção já perdurava por anos.[393]

e) O art. 1.624 repete a hipótese de destituição do pátrio poder, reforçando a inutilidade o art. 1.621, § 1°, além de situar aquele evento no mesmo nível dos demais nele previstos, inclusive o caso de infante exposto e o caso de pais desaparecidos.

Já iniciada a redação deste texto, deparei-me com respeitável opinião doutrinária que conforta meu ponto de vista: Paulo Luiz Netto Lôbo[394] ensina que o art. 1.624 *"acrescenta outras hipóteses de dispensa de consentimento, além das previstas no art. 1.621, que já comentamos, podendo ser figurado como parágrafo deste".*

---

[389] ADV-COAD 33/91, p. 524, item 55254. Também: RT 674/176.

[390] ADV-COAD 4/96, p. 53, item 72469.

[391] RJTJRGS 202/313.

[392] Idem 207/347.

[393] *LEX Jurisprudência do Superior Tribunal de Justiça e Tribunais Regionais Federais*, vol. 149, p. 44.

[394] *Código Civil Comentado*. Vol. XVI. Coordenada por Álvaro Villaça Azevedo. São Paulo: Atlas, 2003. p. 167, em comentário ao art. 1.624.

Como antecipei, minha interpretação esbarra com uma crítica consistente: tem como corolário atribuir um sério equívoco ao legislador, pois torna inútil o art. 1.621, em seu §1°, englobando-o, na medida em que diz o que nele consta e ainda bem mais. Minha resposta a esta objeção passa por assumir que às vezes a boa interpretação só surge se se imputar erro ao legislador, o que em numerosas oportunidades sucedeu e sucede. Em tese é necessário o esforço para evitar a incoerência, a antinomia, a falha legislativa. Mas nem sempre é possível prestigiar esta regra hermenêutica, que, como toda a diretriz jurídica, não pode ser dogmatizada, absolutizada. Cito somente dois exemplos bastante conhecidos: 1) a clamorosa contradição entre os arts. 269, inciso IV, e 271, inciso VI, ambos do anterior Código Civil. Pelo primeiro não se comunicam, no regime da comunhão parcial, os frutos civis do trabalho ou indústria de cada cônjuge ou de ambos (269, IV, conjugado com 263, XIII); pelo segundo, se comunicam! Qualquer que seja a interpretação assumida, isto é, prevaleça o primeiro ou o segundo artigo, é certo que se deve asseverar que o legislador esqueceu de revogar o outro! 2) O obscuro artigo 44 da Lei do Divórcio só obteve uma exegese adequada quando se o relacionou ao divórcio por conversão, tornando ocioso, inócuo e praticamente nulo o art. 25 da mesma Lei,[395] o que, por sinal, trouxe severa censura operada pelo Tribunal de Justiça do Paraná e endossada por Yussef Said Cahali. Aliás, Cahali não hesita em criticar acerbamente a Lei n° 6.515/77, por seus erros. A interpretação conferida ao art. 44 teve como seqüela acusar o legislador de dois erros graves: inutilidade do art. 25 e má colocação na lei do dito dispositivo, pois deveria estar onde estava o art. 25, e não após o art. 40, provocando a impressão de estar ligado ao divórcio direto, previsto no art. 40.

Como é de meu feitio, não deixo de argumentar contra mim próprio: a posição que sustento padece do problema de, pretendendo ajudar à adoção e os menores e adolescentes, possa vir a prejudicá-los, em casos concreto, pelo ensejar de ação rescisória para desfazer a adoção não precedida de destituição de poder familiar.

Em conclusão: não se exige a destituição de pátrio poder nas situações de infante exposto, pais ou outros representantes legais desconhecidos e pais ou outros representantes legais desaparecidos, além do óbvio caso de orfandade (com órfão não reclamado nos termos legais).

---

[395] Yussef Said Cahali. *Divórcio e Separação*. 10ª ed. São Paulo: RT, 2000, p. 1001.

11.3. Mutabilidade do regime de bens para os casamentos celebrados sob a égide do Código Civil anterior

É questão que vem provocando grande interesse e intensa discussão. Sou pela possibilidade de alteração de regime mesmo para os casamentos precedentes.[396]

O art. 2.039 do Código Civil não é obstáculo para tal compreensão. Ele apenas impõe que o regime de bens seja regido pela lei da época da celebração do casamento; mas, evidentemente, se não alterado o regime por vontade dos cônjuges. Enquanto não modificado o regime, a lei que o regula é a do Código Civil de 1916, quando a união ocorreu sob sua regência. Que esta teria sido a intenção do legislador é possível constatar em obra coordenada por Ricardo Fiúza.[397]

Importante, e a meu ver decisiva, a lição de Wilson de Souza Campos Batalha.[398] Concorda ele com Paul Roubier no respeitante a que o regime matrimonial subordina-se à legislação vigente à época do matrimônio, no que apresente de meramente contratual. Porém, diverge do emérito jurista francês no pertinente à mutabilidade do regime. Vale transcrever a lição de Batalha:

"Entendemos, ao contrário, que têm efeito imediato as leis que estabelecem a mutabilidade ou a imutabilidade das convenções matrimoniais. Nenhuma razão sólida existe para diverso entendimento. Na hipótese de a lei nova estabelecer a mutabilidade do regime, não há motivo algum para inaplicar-se aos regimes em curso: se aos interessados era facultada inicialmente a eleição do regime aplicável, não se vê por que se lhes iria tolher a faculdade, que a lei nova, por hipótese, consagra, de, voluntariamente, alterarem o pacto inicial. Se ao contrário, a lei nova estabelece a imutabilidade do regime, não mais poderão ser modificados os regimes estabelecidos na vigência de lei que o permitia, por se deverem generalizar as razões que levaram o legislador a estabelecer a imutabilidade da convenção matrimonial; seria absurdo falar-se em direito adquirido à modificabilidade da convenção matrimonial. Cf Faggella, op. cit., p. 347; Serpa Lopes, op. cit., v. I, p. 344."

Batalha quis dizer que, se ao tempo do casamento era facultado aos nubentes escolher à vontade o regime de bens, ou seja, não era de interesse ou ordem pública que assim não fosse, não haveria nenhum motivo razoá-

---

[396] Sobre a possibilidade de retroagir o novo regime ao início do casamento: conferir Capítulo 10 deste livro.

[397] *Novo Código Civil Comentado.* São Paulo: Saraiva, 2002, p. 1838.

[398] *Direito Intertemporal.* Rio de Janeiro: Forense, 1980, p. 261 e 262.

Estudos de DIREITO DE FAMÍLIA

vel para proibir alteração posterior, se a lei deixa de considerar como de interesse ou ordem pública a imutabilidade.

Acrescento um argumento: é fundamental característica do direito de família atual o aspecto afetivo ou amoroso.[399] As interpretações devem prestigiar e fazer prevalecer esta característica. Ora, se um novo regime é mais consentâneo com a realidade da vida afetiva dos cônjuges, deve ser acatada a mudança do regime precedente. O plano patrimonial não deve se sobrepor ou prejudicar o plano pessoal.[400] Com todo o respeito pela notável obra de Paul Roubier[401] – uma das melhores do mundo sobre direito transitório – parece-me que ele se fixou em conceitos de direito contratual, sem considerar as peculiaridades do direito de família (pelo menos do moderno direito de família), que reclama uma harmonização entre os planos afetivo e patrimonial, com evidente prevalência daquele.

Maria Helena Diniz[402] vê, em princípio. o antes citado art. 2.039 como obstáculo à mudança de regime. No entanto, conclui "...*nada obsta a que se aplique o art. 1.639, § 2°, do novo Código, excepcionalmente se o magistrado assim o entender, aplicando o art. 5° da LICC, para sanar lacuna axiológica que, provavelmente, se instauraria por gerar uma situação em que se teria a não correspondência da norma do CC de 1916 com os valores vigentes na sociedade, acarretando injustiça*". Discordo em que só por exceção se possa permitir a alteração do regime. E note-se que Maria Helena exatamente se preocupa com a harmonia entre o plano pessoal e o patrimonial.

De minha parte, tenho como certo que a mutabilidade de regime de bens se aplica aos casamentos anteriores ao novo Código Civil.

---

[399] No novo Código Civil esta tendência está expressa no art. 1.511, quando normatiza que "*o casamento estabelece comunhão plena de vida*".

[400] Veja-se como o legislador se preocupou, corretamente, em situar o Direito Pessoal no Título I do Livro IV, ao passo que o Direito Patrimonial só aparece no Título II. Isto significa colocar o ângulo pessoal acima do patrimonial, em uma hierarquia axiológica.

[401] A propósito de Roubier, oportuno lembrar que, segundo ele, os efeitos de um contrato se regem pela época em que foi celebrado, o que está em consonância com sua famosa distinção entre leis de regime contratual e leis de regime estatutário. Aliás, a doutrina pátria dominante se orienta no mesmo sentido, como mostra Wilson de Souza Campos Batalha (ob. cit., p. 342, citando Clóvis Beviláqua, João Luiz Alves, Eduardo Espínola e Espínola Filho, Carlos Maximiliano e Serpa Lopes). Todavia, é muito importante ressaltar que não é este o tratamento dado à matéria pelo novo Código Civil, em seu art. 2.035, "caput", no qual está escrito que os efeitos do contrato, produzidos após a vigência do novo Código Civil, a ele se subordinam! Sei que este aspecto não tem maior influência na modificabilidade dos regimes anteriores ao novo Código Civil, pois esta alcança o regime pactuado desde o início do casamento, mas, de qualquer forma, é tópico a ser assinalado, pela repercussão sobre o direito contratual.

[402] *Comentários ao Código Civil*. Vol. 22. Coordenação de Antônio Junqueira de Azevedo. São Paulo: Saraiva, 2003, p. 318 e 319.

11.4. A responsabilidade alimentar na separação judicial litigiosa remédio

É outro assunto de grande repercussão prática.

Parece ser tema que não oferece maior dificuldade, mas não custa deixá-lo claro, pois o novo Código Civil não foi feliz no regramento. Não é fácil perceber onde está resolvida a questão nos arts. 1.694 a 1.710.

Como todos sabem, enorme polêmica cercava a matéria, e a orientação dominante no Brasil (não no Rio Grande do Sul) era a de sustentar que, na separação judicial litigiosa remédio (assim como no divórcio direto) a responsabilidade alimentar em tese, em abstrato, resultava do fato de ter requerido a separação em juízo. O autor da separação judicial ficava, apenas porque autor, com a responsabilidade alimentar, e pagaria ou não, dependendo da necessidade do réu (obviamente também dos recursos do autor). Argumentos técnicos vários e sólidos não faltavam para apoiar a interpretação majoritária no país, apesar das injustiças que poderiam surgir em casos concretos.

Não mais é assim. Pelo art. 1.704, importa exclusivamente observar o critério de necessidade (esta era a orientação gaúcha). O problema para mim residiu em perceber que a responsabilidade alimentar na separação judicial litigiosa remédio estava prevista no art. 1.704, pois sua redação não é explícita a respeito. Tanto é que hesitei na análise e convenci-me da real vontade da lei ao ler a obra coordenada por Ricardo Fiúza,[403] quando é afirmado, com todas as letras, que o art. 1.704 quis evitar a falha grave, provocada pelo art. 19 da Lei n° 6.515/77, o qual *"apenava com a perda do direito a alimentos o cônjuge que tomava a iniciativa da ação de separação "ruptura", independentemente da apuração da culpa".*

Desta forma, pelo novo Código Civil, o cônjuge que solicita a separação judicial litigiosa remédio não fica mais responsável pelos alimentos e poderá até obtê-los se estiver necessitado. Sem dúvida é posição muito mais justa, pois impede que autores pobres e doentes (impossibilitados de trabalhar para o sustento), por exemplo, não possam solicitar alimentos para demandados ricos; o exemplo poderia ser piorado se imaginarmos que o acionante era a pessoa tida, pela moral média, como de boa conduta, sendo o réu de péssimo comportamento.[404] Quanto ao divórcio direto, por elementar analogia, a solução é a mesma, na omissão da lei.

---

[403] Ob. cit., p. 1513.

[404] É verdade que vem sendo combatida a idéia de culpa, cada vez mais repelida pelo Tribunal de Justiça do R. G. do Sul, mas, de qualquer forma, o exemplo ainda pode ser utilizado didaticamente, até porque no restante do território nacional prosseguem prevalecendo as decisões fundadas na culpa, que contam também com o apoio de grande parte da doutrina.

Estudos de DIREITO DE FAMÍLIA

11.5. A importância do bem de família no novo Código Civil

O bem de família, infelizmente, não era levado muito a sério no sistema do Código Civil de 1916 (arts. 70 a 73).

E digo infelizmente porque se constituída meio eficiente de mínima proteção para a família e sua dignidade, resguardando-lhe pelo menos um local para habitação. Contudo, forçoso reconhecer que era instituto desconhecido da população e pouco lembrado pelos bacharéis.

O bem de família do art. 70 do Código Civil anterior protegia bem mais a família do que a impenhorabilidade criada pela Lei n° 8.009, de 29 de março de 1990. É que esta lei admitia várias exceções à impenhorabilidade, ao passo que, pelo Código Civil, a penhora só poderia ocorrer por débito resultante de não-pagamento de imposto relativo ao prédio, o que significa, na prática, apenas o imposto predial.[405]

O que interessa destacar, neste texto, é que o bem de família adquiriu uma relevância bem maior pelo novo Código Civil, devendo ser mais examinado pelos profissionais do direito e utilizado pela população. Assim é por dois motivos: a) antes apenas marido e mulher podiam constituir bem de família (art. 70 do Código de 1916); agora, terceira pessoa também pode fazê-lo, por testamento ou doação (art. 1.711 do Código em vigor); b) o bem de família pode também abranger valores mobiliários, cuja renda será aplicada na conservação do imóvel *e no sustento da família* (art. 1.712 do novo Código Civil).

A nova feição do instituto permite que, por exemplo, um pai ou uma mãe, preocupados com o destino de seus filhos e netos, possam constituir bem de família em prol destes, que terão assegurado um lar e mais a sua conservação, além de verba com caráter alimentar.

Dir-se-ia que o desiderato alimentar seria realizável por um legado de alimentos (art. 1.920 do Código Civil). Mas restaria o problema da moradia. Aqui poderiam alegar que as cláusulas de inalienabilidade, impenhorabilidade e incomunicabilidade tudo resolveriam. Não é bem assim, e este é o ponto central da questão.

É verdade que o percalço não aparece pela exigência de declaração de justa causa, prevista no art. 1.848 do Código Civil, pois o testador tem a solução de impor aquelas cláusulas sobre um bem não integrante da legítima. O problema é que sempre haverá risco no uso das ditas cláusulas, em face de deliberações judiciais que as vêm afastando por julgá-las inconstitucionais, ou, pelo menos, as relativizam, autorizando o cancela-

---

[405] O novo Código Civil amplia as hipóteses de penhora, mas unicamente para incluir dívida condominial: art. 1.715, "caput", o que, aliás, está plenamente certo.

mento.[406] Não é dado saber se a jurisprudência não evoluirá para a definitiva condenação das três cláusulas, ou, pelo menos, da inalienabilidade e da impenhorabilidade.

Tal risco é muito menor em relação ao bem de família. É verdade que este não é inalienável e pode ser extinto (arts. 1.717 e 1.719 do Código Civil). Porém, certamente o rigor será bem maior para a derrubada do bem de família, pois este conta com a simpatia de todos os que sobre ele tratam e não oferece as desvantagens daquelas cláusulas, que podem atingir todo um enorme patrimônio, em grande prejuízo para a circulação das riquezas (o bem de família só pode abranger um imóvel, além de valores mobiliários).

Cabe aos lidadores do direito se darem conta da importância do instituto do bem de família, conforme previsto pelo novo Código Civil. Aos advogados, especificamente, compete orientar seus clientes sobre o tema, buscando minimizar o desconhecimento geral que o cerca.

11.6. União estável e concubinato

É de conhecimento geral que três grandes temas centralizam as atenções, quando em estudo a união estável: os alimentos, a divisão dos bens adquiridos em comum e a sucessão.

No pertinente à herança, o direito sucessório não é matéria de minha especialização; sobre ele fiz breve referência em meu artigo anterior.[407] *"Ne sutor supra crepidam"*; restrinjo-me ao direito de família...

No tocante à partilha dos bens adquiridos durante a convivência, a modificação trazida pelo novo Código Civil, em seu art. 1.725, tem inegável expressão teórica e acadêmica, mas não na prática jurisprudencial. É que, se boa doutrina defendia a tese de que o art. 5° da Lei n° 9.278/96 trazia uma presunção relativa de participação na metade dos bens,[408] a verdade é que os tribunais vinham, em grande parte, considerando a pre-

---

[406] O 4° Grupo do Tribunal de Justiça do R. G. do Sul, ao julgar, em 11.04.97, os embargos infringentes n° 596245324, por maioria, teve aquelas cláusulas como eliminadas do direito brasileiro, por entrarem em choque com a Constituição Federal. Quanto à relativização e afastamento por peculiaridades do caso concreto: mesmo Tribunal: a) apelação cível n° 70003331659, julgada pela 7ª Câmara Cível em 05.03.02, sendo Relator o Des. José Carlos Teixeira Giorgis; b) apelação cível n° 70005352174, julgada pela 7ª Câmara Cível em 11.12.02, sendo Relator o Des. Luiz Felipe Brasil Santos.

[407] Conf. nota de rodapé n° 406.

[408] Álvaro Villaça Azevedo. *Estatuto da Família de Fato*. São Paulo, Jurídica Brasileira, 2001, p. 389. Em contrário, em obra também excelente: Guilherme Calmon Nogueira da Gama. *O Companheirismo – Uma Espécie de Família*. São Paulo: Editora Revista dos Tribunais, 1998, p. 296.

sunção como absoluta. O novo Código, pelas expressões que emprega em seu art. 1.725, não deixa dúvida sobre ser absoluta a presunção, na medida em que impõe o regime da comunhão parcial de bens.

Portanto, parece-me que maior debate pode surgir, no referente ao direito de família, é para os alimentos. Nestes, por sua vez, o assunto problemático, *novamente*,[409] é o de saber se neles a culpa tem ou não influência.

Outra controvérsia que poderá surgir (ou ressurgir): como o art. 1.727 definiu o concubinato, para distingui-lo da união estável, e só há alimentos para esta, voltaria, para o primeiro, a indenização por serviços domésticos prestados?

11.6.1. A culpa e os alimentos

Em termos nacionais, a doutrina e a jurisprudência, largamente dominantes, continuam a trabalhar com a culpa, tanto para a separação judicial como para a ruptura da união estável, inclusive para efeitos alimentares. Seria difícil que fosse de outra maneira, pois o novo Código Civil prossegue prevendo a culpa, tanto como causa de separação judicial litigiosa sanção (art. 1.572, *caput*), como em termos fator capaz de provocar redução dos alimentos (arts. 1.694, §2°, e 1.704, parágrafo único), e ainda como determinante da perda do direito de usar o nome (art. 1.578, *caput*). A culpa não mais atua é no equacionamento da guarda dos filhos (arts. 1.583 a 1.590).

O Tribunal de Justiça do Rio Grande do Sul vem reagindo contra esta linha preponderante de pensamento, em julgamentos que colimam ou afastar a cogitação de culpa por inconstitucionalidade (fere o resguardo da dignidade humana), ou, pelo menos, elidir sua discussão, em casos concretos, tanto quanto possível.[410] Esta orientação tem sólido fundamento, pois se alicerça em dados psicológicos, que evidenciam a reciprocidade da culpa, e morais, que visam a resguardar os cônjuges das desvantagens de uma separação judicial litigiosa com pesquisa de culpa, assim como na constatação de que o desamor deve acarretar o fim da sociedade conjugal, o que combina com o fato de a revalorização do aspecto afetivo ser uma das características principais do direito de família moderno.[411]

---

[409] Esta polêmica permanece, infelizmente, já antiga e fortíssima. Bem que poderia o novo Código ter sido mais explícito em tão tormentosa questão.

[410] RJTJRGS 195/366, 201/364, 208/349, 208/371, apelação cível 70002183259. Sobre a questão da culpa, dissertei longamente no Capítulo III deste livro.

[411] Recentemente, o Superior Tribunal de Justiça, sendo Relator o Ministro Ruy Rosado de Aguiar, proferiu julgamento em que prestigia as decisões gaúchas, decretando separação judicial mesmo sem prova de culpa, quando esta fora alegada em ação e reconvenção. Trata-se do RESP 467.184-SP, julgado em 5 de dezembro de 2002, encontrável em *Revista Brasileira de Direito de Família*, Síntese,

Com toda a vênia, ainda não me convenci do argumento de inconstitucionalidade, não me parecendo razoável não possa o legislador sequer prever separação com culpa. *E sinto-me à vontade para manifestar esta posição, visto que sou a favor da eliminação da culpa.*[412] Apenas vejo que o direito brasileiro insiste em mantê-la na lei federal e cumpre ao intérprete e aplicador acatar esta opção legislativa. Acho forçada a construção pela inconstitucionalidade. Não só forçada em si própria, como também duvidosa pela circunstância de que também integraria o conceito de dignidade humana, na elasticidade que a corrente contrária está querendo lhe atribuir, o direito moral da parte que se sente ofendida de demonstrar que não foi ela a culpada pela destruição do casamento (dentro das noções correntes de moral média, as quais, gostemos ou não, queiramos ou não, ainda impregnam as valorações do povo). A lei federal não está obrigando ninguém a seguir o caminho tortuoso e difícil da separação sanção! Por isto é também difícil atinar com inconstitucionalidade porque estivesse sendo desrespeitada a dignidade humana. Pode o interessado, não alcançada a forma ideal, que é a separação judicial amigável (ou o divórcio amigável), valer-se da separação judicial remédio ou, passados dois anos de separação fática, do divórcio direto. Não faltam caminhos legislativos para evitar a separação judicial litigiosa sanção. Por outro lado, é excessivo simplesmente proibir o uso desta última modalidade, pois que, como salientei, podem suceder motivos morais consideráveis para que assim seja, isto sem falar dos motivos jurídicos (quantitativo dos alimentos, uso do sobrenome). Além disto, forçoso reconhecer que, dentro de uma concepção tridimensional do direito (fato – valor – norma, consoante Miguel Reale), a realidade social e valorativa do povo, em grande parte, mostra o apego à indagação sobre o responsável pela ruptura; não seria exato, portanto, dizer que o legislador impôs uma solução alheia às expectativas da população.[413] A idéia de culpa, em geral, está presente nas apreciações

---

IBDFAM, Porto Alegre, jan-fev-mar 2003, p. 87. O Ministro Relator chegou a adiantar opinião sobre o novo Código Civil, afirmando que o art. 1.573, parágrafo único, permite separação judicial com amplitude, mesmo sem conduta reprovável do cônjuge, bastando a impossibilidade da vida em comum. Seria, a meu ver, a aceitação da mera incompatibilidade de gênios, por exemplo. Segundo ele, seria uma nova modalidade de separação remédio, o que alteraria até mesmo a classificação das formas de separação feita pela doutrina dominante.

[412] Repito e insisto: sobre o tema da culpa também tratei no Capítulo III.

[413] Sei que este argumento deve ser empregado com cautela, pois o povo, em sua maioria, provavelmente aprovaria a pena de morte. Eu continuaria sendo contrário a ela e sustentaria sua inaplicabilidade, mesmo constando na Constituição Federal! Porém, a grande diferença é que aí se trata de matar alguém, e não de somente estar uma lei federal a prever a possibilidade de uma separação judicial com alegação de culpa, entre outros caminhos legais para a ruptura da sociedade conjugal ou do casamento. É preciso ter em mente a proporcionalidade entre os valores envolvidos, sob pena tudo ser inconstitucional, conforme a posição interpretativa de cada um, o que resultaria no perigo de nada ser inconstitucional!... O linguajar amplo e aberto do texto constitucional, principalmente de seus primeiros artigos, enseja uma amplitude infinita das alegações de inconstitucionalidade.

Estudos de DIREITO DE FAMÍLIA

populares sobre todos os assuntos controversos, desde o acidente de trânsito com danos puramente materiais; com muito maior motivo na gravidade dos conflitos erótico-afetivos.

Transposto este questionamento para a órbita da união estável, tem-se que da mesma forma prevalece no país a idéia de que a culpa influencia a responsabilidade alimentar, exceção feita à postura do Tribunal de Justiça gaúcho e mais algumas escassas, mesmo que valiosas, concepções doutrinárias.

A posição minoritária, no sistema precedente, argumentava que as Leis n° 8.971/94 e 9.278/96 não falavam em culpa, com o que esta estava excluída do campo da união estável. Era, por exemplo, a tese de Luis Alberto d'Azevedo Aurvalle.[414]

A linha majoritária, sob a regência da Lei n° 8.971/94, se fixava no tratamento semelhante ao casamento, sendo inadmissível que este ficasse em posição inferior à união estável, o que aconteceria se somente nele a culpa fosse discutida; depois da Lei n° 9.278/96, aduziu mais o argumento de que a controvérsia nem mais teria sentido, por evidente que rescisão não existe sem culpa.[415]

O novo Código Civil emprestou tratamento unificado aos alimentos, ou seja, nos arts. 1.694 a 1.710 versa sobre alimentos para parentes, cônjuges e companheiros. Ali é que devem ser encontradas as regras que regulam os alimentos na união estável, e não nos arts. 1.723 a 1.727. Na falta de explícita alusão à pesquisa de culpa na união estável, as divergências começam outra vez a despontar.

Luiz Felipe Brasil Santos[416] assevera que o art. 1.704 trata apenas da repercussão da culpa entre cônjuges, descabendo aplicá-la à união estável por analogia, pois se cogita de regra restritiva de direito. Culpa em termos de união estável, só na hipótese do art. 1.694, § 2°, que não tem a ver com culpa pela ruptura, mas sim com a culpa pela condição de necessidade.

Francisco José Cahali discorda,[417] com base na analogia com o casamento.

---

[414] Alimentos e Culpa na União Estável, artigo publicado em *Revista AJURIS*, Porto Alegre, novembro de 1996, vol. 68, p. 166.

[415] Yussef Said Cahali. *Dos Alimentos*. 4ª ed. São Paulo, RT, 2003, p. 230. Cita Cahali opiniões de dois dos melhores autores sobre união estável: Álvaro Villaça Azevedo e Rainer Czajkowski. Outro notável analista da união estável se mostra igualmente favorável à discussão da culpa: Guilherme Calmon Nogueira da Gama. *O Companheirismo – Uma Espécie de Família*. São Paulo: RT, 1998, p. 367 e 368.

[416] A União Estável no Novo Código Civil, artigo disponível em http://www.espacovital.com.br, acesso em 20.02.2003.

[417] Dos Alimentos, artigo publicado em obra de vários autores, sob o título *O Direito de Família e o Novo Código Civil*, coordenada por Maria Berenice Dias e Rodrigo da Cunha Pereira. Belo Horizonte: Del Rey-IBDFAM, 2001, p. 191.

Fico com a corrente a que antes já aderia, de aplicação analógica das regras do casamento. Por mais que se pretenda eliminar a culpa do direito brasileiro, não há como desobedecer o direito positivo, criando uma contradição axiológica intolerável. O tratamento para os alimentos foi unificado no novo Código Civil, e, no Subtítulo correspondente (Subtítulo III do Título II, Livro IV), por mais que não agrade, a culpa impregna repetidamente o regramento da matéria alimentar. Para dela fugir, só mesmo com o argumento da inconstitucionalidade, contra o qual já me manifestei antes. Lutemos para retirar a culpa do Código Civil, mas, enquanto nele permanecer, difícil com ela não conviver. Claus-Wilhelm Canaris[418] define o sistema jurídico como *"ordem axiológica ou teleológica de princípios jurídicos gerais"*. Há uma ordenação valorativa sistêmica, o que obriga o intérprete a zelar pela harmonia axiológica e evitar incoerências entre os valores envolvidos. Seria contradição valorativa inadmissível tratar a união estável melhor do que o casamento, o que aconteceria se neste se discutisse a culpa, e naquela não. Este raciocínio que impede a contradição valorativa é hermeneuticamente mais relevante do que a máxima que busca impedir aplicação analógica de normas ditas restritivas. E mais: na verdade o enfoque correto não consiste em vislumbrar uma aplicação analógica de norma restritiva, mas, bem ao contrário, de prestigiar a união estável, situando-a em nível igual ao casamento, tanto quanto possível. Isto sem falar que, para a maioria (de minha parte não concordo), o casamento está até posto, em hierarquização axiológica constitucional, acima da união estável, pois o art. 226, § 3º, da Constituição Federal, expressa que a lei deve facilitar a conversão da união estável em casamento.

A interpretação a que adiro foi muito bem defendida por Belmiro Pedro Welter, em livro escrito antes do novo Código Civil, mas cujos argumentos cabem agora perfeitamente.[419]

Em conclusão: não há como afastar a discussão de culpa no debate alimentar entre companheiros, ainda que, segundo a sistemática do novo Código Civil, não para eliminar os alimentos, mas somente para fins de aferição do seu quantitativo.

11.6.2. A indenização por serviços domésticos prestados

Adiantei sobre a distinção entre união estável e concubinato, feita pelo novo Código Civil.

---

[418] *Pensamento Sistemático e Conceito de Sistema na Ciência do Direito.* Lisboa: Fundação Calouste Gulbenkian, 1989, p. 280.

[419] *Alimentos na União Estável.* 2ª ed. Porto Alegre: Síntese, 1998, p. 76 a 84. Ótimo resumo argumentativo na p. 80.

Nunca aceitei a distinção entre concubinato e companheirismo (o termo *união estável* veio em lugar de *companheirismo*, consoante os que faziam a diferenciação). E tenho apoio em excelente doutrina pátria, que nunca hesitou em empregar o termo "concubinato", como foi o caso do clássico Edgar de Moura Bittencourt,[420] de Adahyl Lourenço Dias,[421] de Mário Aguiar Moura,[422] entre tantos, além de centenas de acórdãos. Ocorre que setores da jurisprudência brasileira, com a boa intenção de ajudarem os concubinos, resolveram efetuar a distinção, para tentarem afastá-los dos rigores do Código Civil de 1916, que, nas poucas vezes que mencionava concubinato, o fazia para maltratar; assim começaram a construir no sentido de que concubinato diria apenas com uniões clandestinas ou com uniões adulterinas, enquanto companheirismo seria a união ostensiva entre pessoas desimpedidas de casar, ou, pelo menos, separadas de fato, o que derrubava a situação de adulterinidade.

Face ao novo Código Civil, minha posição não se mantém, pois a compartimentação é nele feita de forma expressa e irretorquível (art. 1.727). Tornou-se bastante dificultoso defender a existência da união estável adulterina, como antes era meu entendimento. Sabia e sei que a corrente largamente majoritária não endossava a união estável adulterina, partindo da asserção de que o direito brasileiro consagra o princípio da monogamia. Permito-me ponderar que a rejeição absoluta, radical e dogmática da união estável adulterina – antes feita pela doutrina e grande parte dos tribunais, e, agora, também pelo novo Código Civil – pode conduzir, teoricamente, a conseqüências de extrema injustiça. Cito um exemplo: desconsiderar dezenas e dezenas de anos de convivência como se casados fossem, porque um deles é casado e continua também morando com o cônjuge (mantém duas residências), o que poderia provocar ficasse a companheira abandonada na contingência de mendigar, dado que inviáveis alimentos em não havendo união estável. Consola-me a convicção de que um magistrado, diante de tais casos graves, haveria de sopesar suas circunstâncias peculiares, pondo de lado a rigidez teórico-acadêmica.

Quero chegar no seguinte ponto: se decididamente for repelida a possibilidade de alimentos, porque não aceita união estável adulterina, o reconhecimento do concubinato deve ensejar indenização por serviços domésticos, antiga elaboração jurisprudencial que precisa ressurgir. É preciso recordar que, admitidos os alimentos na união estável, passou-se a entender que não haveria mais aquela espécie de ressarcimento. Volta ele para os casos de concubinato, como este é definido no novo Código Civil.

---

[420] *Concubinato*. São Paulo: Leud, 1975.

[421] *A Concubina e o Direito Brasileiro*. 3ª ed. São Paulo: Saraiva, 1984.

[422] *Concubinato*. 6ª ed. Rio de Janeiro: Aide, 1985.

Isto, é claro, supondo-se que o concubino não possa obter partilha de bens adquiridos em comum (era assim anteriormente), porque não adquirido patrimônio durante a convivência ou porque não houvesse prova de contribuição (na sociedade de fato, que seria aplicável, é indispensável tal prova).[423] Em outras palavras: o concubino (segundo conceito do novo Código Civil) pode não receber alimentos, não herdar e não ter participação automática na metade dos bens adquiridos em comum, mas terá em seu prol a sociedade de fato e a indenização por serviços domésticos prestados.

---

[423] O Superior Tribunal de Justiça admitia pelo menos a partilha pela sociedade de fato, no concubinato adulterino: *Boletim de Jurisprudência IOB* n° 20/91, p. 435, item 6160; n° 6/92, p. 115, item 6750. *Revista do STJ* 68/368. *LEX Jurisprudência do STJ e TRFs* 71/247; *Revista Jurídica* 214/48. Também o TJRGS: RJTJRGS 169/371.

Estudos de DIREITO DE FAMÍLIA

Impressão:
Editora Evangraf
Rua Waldomiro Schapke, 77 - P. Alegre, RS
Fone: (51) 3336.2466 - Fax: (51) 3336.0422
E-mail: evangraf@terra.com.br